EMOCIONS TÒXIQUES

Emocions tòxiques

Bernardo Stamateas

Traducció d'Emma García Carbassa

GRUPO ZETA

Barcelona • Madrid • Bogotà • Buenos Aires • Caracas • Mèxic D.F. • Miami • Montevideo • Santiago de Xile

Títol original: *Emociones tóxicas*
Traducció: Emma García Carbassa
1.ª edició: maig 2012

Consell de Cent 425-427 - 08009 Barcelona (Espanya)
www.edicionesb.com

Printed in Spain
ISBN: 978-84-666-5141-7
Dipòsit legal: B. 6.924-2012

Imprès per LIBERDÚPLEX, S.L.
Ctra. BV 2249, km 7,4
Polígono Torrentfondo
08791 Sant Llorenç d'Hortons

ÍNDEX

3

La insatisfacció crònica és tòxica

4

L'afecció tòxica

5

L'enuig tòxic

6

L'enveja tòxica

7

Les pors tòxiques

8

La vergonya tòxica

9

La depressió tòxica

10
La frustració tòxica

11
El dol tòxic

12
El plor tòxic

13

Les culpes tòxiques

14

El rebuig tòxic

15

La gelosia tòxica

BENVOLGUT LECTOR

Les emocions existeixen perquè les sentim, però no per dominar-nos la vida, ni per encegar-nos la visió, ni per robar-nos el futur, ni per apagar-nos l'energia, perquè, en el moment en què facin tot això, es tornaran tòxiques.

Guarir les nostres emocions implica preparar-nos a nosaltres mateixos per alliberar-nos de les emocions negatives i tòxiques que, en definitiva, no ens ajuden a trobar una solució. La proposta d'aquest llibre és atorgar a cada emoció el vertader significat que té.

Per exemple, és normal que:

Si t'han estafat, sentis ràbia, però no que surtis a aixafar-ho tot...

Si t'han traït, et sentis decebut, però no que no tornis a confiar en ningú...

Si t'han humiliat, sentis vergonya, però no que deixis de córrer riscos...

Si t'han mentit, sentis desconfiança, però no que tinguis ressentiment...

Si t'han intimidat, sentis por, però no que t'aturis en aquest punt...

Si no t'han estimat, sentis rebuig, però no que busquis ser rebutjat...

Si has perdut o t'has sentit frustrat en alguna cosa, sentis tristesa, però no que sempre estiguis alacaigut...

Viure significa conèixer-se, i aquest coneixement és el que ens permet relacionar-nos amb l'altre i amb nosaltres mateixos. Si amaguem les nostres emocions, les apaguem i les ocultem pensant que d'aquesta manera desapareixeran, cometem un error. Continuaran estant allà, però confinades en una presó que a l'únic a què ens condueix és a la confusió, a l'apatia i a la incredulitat afectiva.

La saviesa emocional consisteix a triar com ens volem sentir.

Les emocions no poden ser controlades des de fora, sinó que han de ser-ho des de dins de la nostra vida. Per això, hem de tenir cura de mantenir-les sota control i que no es converteixin en tòxiques.

- Una persona amb emocions tòxiques buscarà ser estimada a qualsevol preu. No obstant això, estar sa emocionalment no significa dependre d'altres per ser feliç, sinó, en primer lloc, de l'amor que un es té a si mateix.
- Una persona amb emocions tòxiques buscarà l'acceptació i el reconeixement dels altres a través dels béns que posseeix. No obstant això, estar sa consisteix a saber i reconèixer que som acceptats per nosaltres mateixos i pels altres independentment del que tinguem.
- Una persona amb emocions tòxiques buscarà ser valorada a l'exterior. No obstant això, estar sa és valorar-se.

- Una persona amb emocions tòxiques dóna un valor excessiu a les opinions dels altres. No obstant això, estar sa és construir una imatge d'un mateix afectuosa i positiva a través de paraules d'automotivació.

Recorda que el més important en qualsevol circumstància no és el que passa al teu voltant, sinó el que passa dins teu.

Ningú no pot sortir d'una crisi o d'un dolor si permanentment escolta d'ell mateix paraules de dolor, d'angoixa i de fracàs.

També has de tenir present que la flexibilitat és una eina de la qual hem de disposar. Ens hem de donar permís per equivocar-nos, enfadar-nos i plorar. També per sentir ràbia i enuig, i per perdonar-nos, guarir-nos, recuperar-nos i tornar a ser feliços.

- Recorda que som capaços de transformar una emoció tòxica a través d'accions positives i hem de ser conscients que podem fer-ho.
- Cal que, encara que ens costi, ens dirigim decididament al que sabem que ens fa bé i ens genera benestar: el canvi.

Tu pots triar superar sigui quina sigui la situació en la qual et trobis. No permetis que les emocions tòxiques t'acompanyin per sempre! Avui pot ser un bon dia per canviar de rumb.

Només has de triar per tu. A la vida tindrem problemes, dificultats, moments inoblidables i altres que no voldrem recordar, però de tots ens podem sobreposar.

No vas néixer per casualitat, vas néixer perquè tens un propòsit, un somni que porta el teu nom i t'està esperant.

El teu destí és la superació, l'amor, la felicitat, la plenitud i la vida abundant.

Estàs més que capacitat per aconseguir la teva pròpia transformació interior. I estàs a punt d'aconseguir-ho. Gaudeix-ne!

BERNARDO STAMATEAS

1

L'ANSIETAT TÒXICA

> Allibera't de l'ansietat, pensa que el que ha de ser serà, i succeirà naturalment.
>
> FACUNDO CABRAL

L'ansietat és l'emoció que sorgeix quan sents que s'acosta una amenaça, quan visualitzes el futur de manera negativa i, en conseqüència, intentes preparar-te per fer-li front.

L'ansietat s'apoderarà primer de la nostra ment i després del nostre cos. Per exemple, abans d'un examen, comencem a estar inquiets, i després apareixen els famosos mals de cap, el malestar a l'estómac, la suor, etcètera.

L'ansietat com a reacció normal ens permet afrontar una pressió externa i es presenta acompanyada d'aquells temors que tots tenim i que ens preserven davant una amenaça o perill.

Per exemple, si s'acosta l'examen, l'ansietat ens pot posar en alerta per preparar-nos millor (i estudiar).

Ara, què ens succeeix quan passem de viure un moment d'ansietat a viure ansiosos? Algú excessivament ansiós veu cada situació nova, cada canvi, cada desafiament que li toca viure, com una tortura, i experimenta un gran patiment interior.

L'ansietat crònica és tòxica. El problema sorgeix quan l'ansietat es converteix en un temor excessiu i irracional a situacions que afrontem diàriament. Llavors, passa a ser una emoció tòxica.

Aquesta emoció pot portar al desànim, a la tristesa i fins i tot a la depressió, o a l'altre extrem, a viure completament accelerat. En qualsevol dels dos casos, l'expectativa serà que la resta segueixi aquest ritme, la qual cosa generarà al seu torn problemes interpersonals.

1. EN QUÈ ESTIC PENSANT?

Fes la següent autoavaluació. Pensa quantes vegades has experimentat por, angoixa, preocupació davant d'una situació de tensió a la feina, davant d'un viatge, un examen. T'és familiar, això? L'ansietat és un estat emocional tòxic que fa que una persona senti inquietud o temor.

Quan es desitja molt una cosa, és fàcil desanimar-se i pensar que res no té sentit o no val la pena. Amb aquesta emoció a flor de pell, ens costarà molt més arribar a les metes que ens proposem.

L'ansietat no tan sols ens impedeix experimentar emocions positives, com l'alegria o l'amor, sinó que no ens permet gaudir de la vida al màxim.

Si ja et vas identificant amb tot això, anem al pas següent. Ara la clau és descobrir on comença aquesta ansietat negativa, perquè, una vegada la reconeguem, puguem superar-la i assumir el que ens toqui passar de la millor manera possible i de la manera menys tòxica.

En principi, descobrirem que el començament es produeix sempre en la ment. Alguna vegada t'has fixat en els teus pensaments? Si no ho has fet, pren-te el temps que calgui per analitzar en què estàs pensant i què és el que «et dóna voltes al cap» la majoria de les vegades. Aquesta és la clau de l'ansietat: *els teus pensaments, aquells pensaments que el teu cervell, de manera equivocada, interpreta com a reals.* I encara que la teva raó sàpiga que no són vertaders, els crees a nivell emocional, és a dir, sents que són veritat.

Si el teu cervell creu que passarà alguna cosa dolenta, començarà a enviar símptomes d'ansietat. Hi ha un proverbi anònim que diu: «No pots impedir que les aus de la tristesa volin cap a tu, però pots impedir que facin niu als teus cabells.»

No et contaminis amb tot allò que no serveix, aprèn a descartar de la teva ment tot allò que intoxica les teves emocions.

2. Per què em diuen que sóc ansiós?

Qualsevol semblança amb la realitat és pura coincidència...

No t'espantis. L'ansietat és una emoció tòxica molt comuna en els nostres dies. N'hi ha prou de repassar en el teu àmbit quotidià, ja sigui a la universitat o a casa teva o a la feina, quantes persones has vist que es mossegaven les ungles desesperadament o que s'atipaven, quan, en realitat, no tenien gana. Si et pregunto si coneixes algú que pateixi picors en diferents parts del cos suposadament sense una causa clara, estic segur que trobaries diversos casos. I la llista segueix...

Quantes persones tartamudegen fins i tot en moments en què aparentment tot està sota control i en calma? Als uns els cauen els cabells; els altres pateixen restrenyiment o tot el contrari; a algunes persones els puja la temperatura; altres suen, mentre que n'hi ha que se'ls asseca la boca.

Moltes vegades diem que estem tranquils, però, en realitat, aquesta tranquil·litat que diem que experimentem és aparent, ja que tots aquests símptomes, quan no tenen una causa física o orgànica, són un clar toc d'atenció que, molt probablement, indica la presència de l'ansietat.

Si ets una persona molt ansiosa, no tan sols perjudiques la teva ment i les teves emocions, sinó també el teu cos.

Potser en el teu pensament tens decisions que has de prendre, tries què has de fer, paraules que has de dir, però potser has decidit no parlar i esperar. Potser hi ha situacions o persones de les quals t'amagues, però a les quals, en realitat, saps que t'has d'enfrontar. De tot això, encara que ho neguem i ho vulguem ocultar, el nostre cos en té consciència.

Quan estem massa ansiosos, busquem per tots els mitjans calmar aquesta emoció tòxica i recorrem a coses com el menjar i la feina en excés o, el que és pitjor, a l'automedicació.

Quan sona l'alarma?

Vegem alguns dels símptomes més comuns de l'ansietat:

- por o temor
- inseguretat

- preocupació
- aprensió
- problemes de concentració
- dificultat per prendre decisions
- insomni
- sensació de pèrdua de control de la pròpia vida o del mitjà que ens envolta
- hiperactivitat
- pèrdua d'interès
- moviments malaptes
- tartamudeig
- tics nerviosos

Amb el temps, si l'ansietat no es tracta de manera adequada, pot arribar a afectar seriosament la salut i a derivar en el que es coneix com a trastorns d'ansietat, que inclouen el pànic, l'obsessió-compulsió i diferents classes de fòbies.

Doble alarma!

Vegem alguns dels símptomes més greus:

- palpitacions
- pressió arterial alta
- opressió al pit
- sensació d'ofec
- nàusees
- problemes digestius
- diarrea
- tensió muscular
- mal de cap
- fatiga

- sudoració excessiva
- impotència
- ejaculació precoç

Charles Spurgeon, un reconegut pastor baptista, deia: «L'ansietat no esgota les angoixes del demà, només esgota la força de l'avui.» Pensar contínuament en el futur, preocupar-te i desenvolupar una imaginació excessiva respecte al que et pot arribar a passar —i que, en general, no passa mai—, intentar anticipar-te al demà, és realment esgotador. La nostra ment necessita descans, donem-li una mica de pau. Veuràs que, quan aconsegueixis relaxar-te, tot allò que et despertava una desmesurada ansietat tornarà a estar sota el teu control.

3. ANSIETAT, ESTRÈS. PARLEM DEL MATEIX?

Tots necessitem una certa dosi de pressió en les nostres vides, i això no té res de tòxic. Igual que les cordes d'un violí, que per sonar afinades han d'estar tenses, perquè massa fluixes no sonarien i massa estirades es trencarien, l'ésser humà necessita també una tensió bàsica.

Però quan la pressió o els estímuls rebuts són molts de sobte o pocs però prolongats durant molt de temps, o la combinació de tot això, es produeix un desequilibri i sobrevé l'estrès.

Un estímul estressant pot ser des d'haver de presentar-se a un examen fins a haver de fer-se càrrec de la família per la mort d'un ésser estimat o viure anys amb una parella que no ens parla, etcètera. Tot dependrà del temps i de la intensitat amb què es visqui la situació.

«Viure un moment estressant» no és el mateix que

«viure estressat». El primer cas és normal, inesperat i generat per l'ambient, mentre que el segon, viure estressat, és tòxic, i buscat i generat per nosaltres mateixos perquè s'ha convertit en un hàbit i «no sabem» viure d'una altra manera.

L'estrès sorgeix quan hi ha excessives demandes exteriors i el teu organisme no pot fer-los front. És una tensió, una pressió física o mental que trenca l'equilibri.

> **És curiós, l'home, no demana néixer, no sap viure i no vol morir.**
>
> **Proverbi xinès**

Un estudi dut a terme durant deu anys als Estats Units amb persones que no podien controlar el seu estrès emocional va donar com a resultat que la persona estressada té un 40% més de probabilitat de mort. Només a Argentina, es consumeixen milions de tranquil·litzants cada any.

Cada vegada que el cos rep un estímul exterior, s'activen dues hormones: l'adrenalina i el cortisol.

L'adrenalina és l'hormona que et proveeix d'energia i força i que, en córrer pel cos, et fa sentir immortal, que pots aconseguir tot el que vulguis. Aquesta energia t'accelera, eleva el teu nivell d'excitació, de desig i d'entusiasme, i aguditza la teva visió. Quan una persona conté durant mesos ira, rancor, quan suporta maltractaments durant anys i les seves ferides s'acumulen, l'adrenalina s'activa en dosis grans i freqüents i actua com un verí.

> **No comptis els dies, fes que els dies comptin.**
>
> **Muhammad Ali**

El cortisol és una hormona bona, però com que eleva de manera excessiva el nivell de sucre a la sang, pot provocar un augment de pes i que els ossos perdin calci, magnesi i potassi.

Les persones que han experimentat molta pressió al llarg de la seva vida es poden tornar addictes a l'adrenalina i el seu cos la genera de manera natural. S'identifiquen per la seva violència, necessiten sentir pressió i, en general, practiquen esports de risc i són uns busca-raons.

Això explica que les persones que durant anys han patit conflictes de parella, un pare violent o una mare depressiva, mai no aconsegueixin relaxar-se del tot i busquin permanentment un motiu de discussió, perquè el seu cos demana adrenalina.

Tots reaccionem als estímuls de manera diferent i dependrà de com interpreti cadascú el que passa en la vida. Algunes persones s'estressen davant de determinades tasques, mentre que altres, en aquesta mateixa situació, romanen tranquil·les, perquè, malgrat que l'estímul sigui el mateix, la percepció és diferent.

4. PETITES ACTITUDS ET PORTARAN A GRANS CANVIS

Sortir de la toxicitat de l'ansietat està totalment al teu abast. Cada una d'aquestes petites actituds et portarà a realitzar canvis importants, que no són grans en si mateixos, però que, amb la pràctica, s'arrelen en els nostres costums.

> Sabies que la pau comença amb un somriure?
>
> Mare Teresa de Calcuta

Aquí tens algunes estratègies i formes pràctiques per reduir l'estrès i alliberar-te de l'ansietat:

- Detecta quines són les fonts de la teva ansietat.
- Pensa en totes les coses que et roben la pau i avui mateix pren la decisió d'abandonar-les.
- Adopta pautes que et permetin gaudir de la vida amb plenitud i calma.
- Fes tot el possible per reduir o eliminar totes les coses que et fan sentir ansiós.
- Desenvolupa nous hàbits que, en canvi, t'ajudin a sentir pau en l'esperit, l'ànima i el cos.
- No llegeixis tot el dia males notícies. A tots ens agrada estar informats, però, si llegir males notícies al diari o escoltar-les una vegada i una altra fa que augmenti la teva ansietat, un bon llibre serà de molt més profit.
- Omple la teva vida d'informació útil, de dades que t'enriqueixin.
- Aprèn alguna cosa nova cada dia.
- Cuida la salut del teu cos.
- Assegura't de dormir bé i menjar al més sa possible.
- Fes alguna mena d'activitat física tres o quatre vegades per setmana. Està comprovat que l'exercici redueix els nivells d'estrès. El teu cos t'acompanyarà la resta de la teva vida. És la teva carta de presentació al món i és tan important com la teva ànima i el teu esperit. Estima'l, cuida'l, parla'n bé.

Abans de començar a canviar el món, dóna tres voltes per casa teva.

Proverbi xinès

- Allunya't de la gent tòxica, la qual cosa no significa aïllar-te, sinó posar límits sans. Hi ha perso-

Qui té pau a la consciència ho té tot.

Don Bosco

nes negatives a les quals només els agrada parlar dels problemes propis i dels altres i que no aporten res significatiu a la teva vida. Quan depengui de tu, no permetis que les seves paraules i accions s'introdueixin en la teva ment i, molt menys, que determinin el teu estat d'ànim.

- Acosta't a persones amb mentalitat positiva. Les persones amb èxit que pensen, parlen i actuen en positiu, transmeten pau, entusiasme, alegria. A tothom li agrada estar envoltat d'aquestes persones. Busca-les, observa-les, aprèn-ne, comparteix-hi moments. Deixa't guiar per elles. Aquesta classe de gent és la que afegeix valor a la teva vida.
- Busca una persona que necessiti ajuda. Ofereix-li el teu ajut desinteressadament: ocupar-te d'un altre mantindrà la teva ment lluny dels problemes i les preocupacions.
- Canvia el teu enfocament.

Estar en pau amb un mateix és el mitjà més segur de començar a estar-ho amb els altres.

Fray Luis de León

- Troba una persona de confiança. És important que puguis parlar de com et sents amb algú que t'inspiri confiança. És tan senzill com això! Parlar del que ens passa és una de les millors maneres de controlar l'ansietat.
- Crea l'hàbit de parlar en positiu. No n'hi ha prou de parlar, és fonamental aprendre a fer-ho en positiu.
- Considera molt bé les teves paraules abans de parlar. Les paraules són eines i tenen el poder de construir o destruir el teu futur.
- Porta un registre escrit. Escriu cada dia tres o quatre coses per les quals estiguis agraït. Concentrar-te en

les coses positives també allunyarà la teva ment dels pensaments negatius que et porten a tenir emocions negatives i t'judarà a actuar en conseqüència.

- Riu una mica cada dia. Riure fa que qualsevol càrrega sigui més lleugera, i està comprovat científicament que produeix grans beneficis al cervell i al cos.
- Desenvolupa la teva fe. El contrari al temor és la fe. Si no ho has fet fins ara, comença a creure que les coses milloraran en la teva vida i que tot el que facis et sortirà bé. Si tens expectatives de coses bones, tard o d'hora apareixeran.
- Espera sempre el millor. No et conformis amb la mediocritat. Vas ser creat per a l'excel·lència.
- Fes, regularment, alguna cosa nova. Encara que et faci por, atreveix-te a fer coses noves. El coratge no és l'absència de temor, sinó la capacitat d'actuar malgrat el temor.
- Visualitza't com una persona d'èxit. Abans que passi qualsevol cosa en la teva vida, primer has de veure-ho amb els ulls de la teva ment. Se't va atorgar la imaginació perquè et visualitzessis com l'home o la dona que vols arribar a ser: algú amb èxit, segur de si mateix, optimista, positiu, feliç, una persona que gaudeix de la vida al màxim i sap com relaxar-se.

5. Tot comença en el teu interior

Tot comença en el teu interior. Si estàs en pau amb tu mateix i amb els altres, res no et mourà del teu lloc. El rei David feia referència a les persones que troben la pau i deia: «Seràs com un arbre plantat a la riba de les aigües, alt i amb moltes branques.» Aquesta mena d'arbres són els que posseeixen un tronc fort, que simbolitza la teva autoestima. Viure al costat de les aigües significa que, si tens pau interior, beuràs del millor de la vida, i les branques fan referència a la salut en les relacions interpersonals. És necessari buscar la pau, treballar per aconseguir-la i mantenir-la, passi el que passi al teu voltant.

> No hi ha camí per a la pau, perquè la pau és el camí.
>
> Mahatma Gandhi

Hi ha una faula d'Isop que explica que, un dia, un ratolí que vivia a la ciutat anava caminant i un altre ratolí que vivia al camp el va convidar al seu cau, on li va donar glans, faves i ordi per menjar. El ratolí de ciutat, molt agraït, va demanar al que vivia al camp que l'acompanyés a la ciutat a divertir-se, invitació que aquest va acceptar molt content.

Una cop a la ciutat, tots dos van entrar en un rebost del palau on vivia el ratolí de ciutat, que era ple de tota classe d'aliments. Mostrant-li tot, el ratolí de ciutat va dir a l'altre: «Menja, amic, menja el que vulguis, ja veus que en tinc molt, de menjar.» Mentre menjaven alegrement, va aparèixer de sobte l'amo del rebost i va obrir la porta amb un gran soroll. Els ratolins, espantats, van fugir cada un per la seva banda. Com que el ratolí de ciutat sabia llocs per amagar-se, ràpidament es va posar fora de perill, mentre que l'altre no sabia com escapar-se.

Finalment, l'amo del rebost se'n va anar, la porta es va tancar i els ratolins van tornar a sortir.

> Per molt que costi, la pau mai és cara.
>
> Refrany popular

—Vine aquí, que continuarem menjant —va dir el ratolí de ciutat—. Ja veus quants aliments tenim a la nostra disposició.

—Sí, tot això és molt bo —va respondre el ratolí de camp—. Però aquestes situacions de perill són freqüents, aquí?

—Sí —va contestar l'altre—, això succeeix contínuament i, per tant, no n'hem de fer cas.

—Oh! —va dir el ratolí de camp—. Això succeeix diàriament? Segurament vius molt bé aquí i no et falta res, però, no obstant això, prefereixo molt més la meva pobresa amb tranquil·litat que la teva abundància amb aquesta angoixa.

Qui no és esclau de la necessitat, ho és de la por: els uns no dormen per l'ansietat de tenir les coses que no tenen, i els altres no dormen pel pànic de perdre les coses que tenen.

Eduardo Galeano

Vas néixer per ser lliure, no siguis esclau de res ni de ningú. No permetis que l'ansietat ompli la teva vida. Concentra't en les coses importants, que són les que multipliquen la teva energia; les secundàries, te la roben.

La felicitat és la teva herència i el teu llegat. Ningú no te la pot arrabassar. No te l'arrabassis tu mateix amb emocions tòxiques. Permet-te ser feliç. Celebra la teva vida. Pots alliberar-te de l'ansietat!

2

L'ANGOIXA TÒXICA

> No pots impedir que les aus de la tristesa volin cap a tu, però pots impedir que facin niu als teus cabells.
>
> PROVERBI XINÈS

1. DECAÏMENT NORMAL O ANGOIXA TÒXICA?

Com a éssers humans que som, cada dia de la nostra vida ens enfrontem a situacions que ens poden generar malestar. I això és totalment normal. Aquest malestar o falta de ganes és el que anomenem «decaïment». Un decaïment normal no dura mai gaire temps; és a dir, et pots sentir decaigut o cansat durant un parell d'hores o fins i tot un dia sencer. I, et repeteixo, això és normal.

És normal que, davant del que ens causa alguna mena de dolor, ens sentim malament. L'important és que ho passem i ho superem.

No obstant això, si transcorren els dies i et trobes que el decaïment no desapareix, llavors vol dir que la situació que t'ha causat aquest lleu malestar t'angoixa. En aquest estat apareix una sensació de desconcert i d'angoixa molt profunda que t'impedeix fer-te càrrec del que et passa i et fa sentir sumit en una emoció tòxica. En aquestes circumstàncies, sembla que l'angoixa ja ha pres el control de la teva vida, de les teves emocions, i passa a ser el teu motor. Per això, és necessari que entenguem que estar decaigut durant un temps determinat és normal, però viure angoixat, no!

L'angoixa és una emoció tòxica que ens produeix malestar, ens incomoda, ens deprimeix, ens enfonsa i ens obliga a instal·lar-nos en el plany, la queixa, el dolor, la tristesa i el neguit. Com més temps passem en aquest estat, més tòxica es tornarà aquesta emoció.

Has sentit a dir o has dit tu mateix alguna vegada frases com aquestes? «Estic molt angoixat», «Em fa un mal el pit que no sé què em passa», «Tinc un nus al coll»... Sens dubte, moltes vegades t'has sentit angoixat i no pots entendre ni explicar el que et passa. I és que **cada emoció que experimentem es transforma en una sensació corporal** que ens produeix un estat de benestar o malestar.

Desanimar-se és normal,
però romandre en aquest estat és tòxic.

Has de saber que aquesta emoció tòxica no pot ocupar tota la teva ment, tot el teu temps, tampoc no pot tenir el control de les teves emocions ni aturar-te ni desviar-te dels teus objectius. L'angoixa no pot condicionar-te ni debilitar-te ni pot decidir per tu.

No podem permetre que l'angoixa ens tregui les forces i les energies que necessitem per començar cada dia

2. L'ANGOIXA CANVIA LA TEVA VISIÓ

No t'ha passat mai que, quan estàs angoixat, **ho veus tot negre** i, de cop, tens la impressió d'haver-te convertit en una persona **pessimista**?

L'angoixa actua com un aïllant que no et permet veure ni sentir ni experimentar l'oportunitat que hi ha darrere de cada moment dolorós.

Perquè, tal com sentis, és com interpretaràs la realitat. Per exemple, si tens por, tindràs por de casar-te, por d'anar a treballar, por de tot; si estàs enfadat, et molestarà tot; si tens una estima molt baixa, et pensaràs que tots es burlen de tu i que ningú no et valora, etcètera. Si veus les coses de manera negativa, estàs utilitzant aquest mecanisme. Si bé tot té un costat negatiu, només et fixes en aquest aspecte.

I és a partir d'aquí, del dolor, quan la nostra vida comença a condicionar-se, a limitar-se; la nostra mirada s'ennuvola i veiem o ho experimentem tot a través d'una lent pessimista. Això és, precisament, el que provoca l'angoixa en el nostre interior.

3. L'ANGOIXA CANVIA LA TEVA MANERA D'ESCOLTAR

En l'angoixa ressonen les veus de l'*agonia, l'absència de sortida, el temor, la pressa i l'aflicció.*

En els moments en què estem angoixats, qualsevol situa-

> **No et desesperis mai, ni tan sols quan estiguis molt afligit, perquè dels núvols negres en cau aigua neta i fèrtil.**
>
> **Proverbi xinès**

ció adversa, qualsevol detall, fins un mínim malestar físic, és suficient perquè la nostra angoixa es faci més gran del que és en realitat. El teu diàleg intern et desanima a cada pas:

- N'hi ha prou que la teva parella o el teu cap o algú et contesti malament perquè sentis l'angoixa més gran i pensis: «Ningú no em valora.»
- N'hi ha prou d'arribar a la parada de l'autobús i que tot just l'autobús hagi arrencat perquè pensis que tot el dolent et passa a tu i que «tard o d'hora t'havia de passar».
- N'hi ha prou que arribis a casa teva i no hi hagi llum, o s'hagi trencat una canonada, perquè t'angoixis encara més i pensis: «Ningú no m'ajuda.»
- N'hi ha prou que aquest lloc de treball que tant esperaves el donin a un altre perquè creguis que totes les desgràcies et succeeixen a tu i pensis: «El món està en contra meu.»

4. L'ANGOIXA CANVIA LA TEVA MANERA DE PARLAR

Generalment, d'una persona trista en podem escoltar frases com les següents i percebre grans quotes de **resignació**: «És el que m'ha tocat viure. Què hi farem!» En conseqüència, descobrim que s'alimenta d'aquestes paraules. Es troba tan immers en la tristesa que no aconsegueix veure allò que es diu a ell mateix i que li fa mal.

Davant d'això, tens aquestes opcions: pots dir que els

altres sempre s'emporten la millor part del pastís; que ets una persona a la qual tot li surt malament; que et passa igual que als teus pares, que mai no van ser ningú i tothom els va enganyar. O pots canviar-ho i pensar que el millor encara ha de venir; que totes les coses per les quals has passat t'han ajudat per bé; que tens domini propi per sobreposar-te al dolor i a l'angoixa; que res ni ningú et robarà les ganes de seguir somiant; que no importa el que has passat, que tu segueixes fent camí cap a la meta.

Recorda que les excuses i les queixes només fan que immobilitzar-te en el mateix lloc de sempre. Comença a gaudir del que tens i parla't en positiu. És igual les vegades que facis plans i fracassis. Sabem bé que la suma dels fracassos és la bandera de l'èxit.

5. L'ANGOIXA COMPROMET EL TEU FUTUR

Estem tan angoixats que no fem cas de res del que tenim al davant. **El desànim i la desesperança ens paralitzen,** ja que es barregen amb el temor al futur.

La força interior sembla que hagi desaparegut, i prenem les decisions segons el que sentim. «M'agrada, em quedo. No m'agrada, me'n vaig. Avui estic bé, demà malament.» No tenim ganes de fer res i el que abans ens agradava ara ja no ens atrau.

Estem confosos, la vida és absurda i sense sentit. I és en aquesta situació quan la persona expressa tot el seu dolor, es queixa contínuament i tot la molesta. La persona que està angoixada sent que no hi ha futur, que no se'n sortirà, que els problemes i les pressions la superen.

Hem de concentrar-nos en el que és bo del present. I mai no podem oblidar que el millor encara ha de venir.

Tot el que ens passa, fins i tot el dolor, podem transformar-ho en aprenentatge.

6. L'ANGOIXA AFECTA LES TEVES RELACIONS INTERPERSONALS

El dolor no tan sols fa que et facis mal i et boicotegis a tu mateix, sinó que aquesta angoixa continguda en el temps pot transformar-se en una ira que acaba fent mal als que estan al teu voltant.

Moltes vegades *el dolor ens porta a fer mal a l'altre*. Les nostres experiències negatives i les nostres frustracions ens limiten en la nostra forma de relacionar-nos. El dolor, les crisis, els fracassos, els patiments, en moltes situacions, són impredictibles, inevitables, i dependrà de com els visquem, si ens convertim en millors persones, fins i tot productives, o en persones que no puguin treure res bo del que viuen i de les seves relacions.

Com més ganes tinguis de superar-te i guarir el teu interior, més ben preparat estaràs per trobar força per seguir endavant.

Hi ha una faula d'Isop que diu que un metge va preguntar a un malalt com es trobava i aquest va contestar que havia suat més que de costum.

—Això va bé —va dir el metge.

Interrogat una segona vegada sobre la seva salut, el malalt va contestar que tremolava i sentia uns calfreds terribles.

—Això va bé —va dir el metge.

El metge el va anar a veure per tercera vegada i li va

preguntar per la seva malaltia. El malalt va contestar que havia tingut diarrea.

—Això va bé —va dir el metge, i va marxar.

Un parent va anar a veure el malalt i li va preguntar com estava.

—Em moro —va contestar— a força d'anar bé.

***Moralitat:** En general, els qui ens envolten ens jutgen per les aparences i ens consideren feliços per coses que en realitat ens produeixen molt dolor.*

Moltes vegades no sabem ajudar les persones angoixades i els resulta molt dolorós que els diguin, per exemple: «Ànims, que tot passa, canvia aquesta cara...» En realitat, la persona vol sortir d'aquesta situació i hauria volgut no passar pel moment que li toca viure, però es troba sense forces i inhibida.

L'aïllament comença quan a la persona **ja no li interessa cuidar-se**, arreglar-se, sortir, gaudir d'un bon dinar; quan comença a perdre contacte amb el món exterior. Llavors s'aïlla i es crea pensaments negatius. I això no s'atura aquí, sinó que es retroalimenta.

Es queda a casa seva, la seva ment es torna rígida, es torna considerablement introspectiva, cosa que fa que els pensaments erronis que té l'aïllin més.

Com més s'aïlla, més pensaments negatius;
com més pensaments negatius té, més s'aïlla.

En general, una persona que pateix i està trista s'allunya de la resta. Se sent sola i, moltes vegades, es resigna al que pateix. «Cada vegada fa menys, cada vegada es resigna més: no fa res.» Comença a sentir que no té futur, sembla que ja no tingui ganes d'intentar-ho una altra vegada, tot l'avorreix, res no la satisfà, se sent castigada per tot el que li passa.

Ha deixat de ser algú que solia entristir-se momentàniament per alguna cosa i ha passat a viure en la tristesa, ***sense adonar-se que la tristesa sempre és un lloc equivocat per viure-hi.*** Mai no triïs viure en la tristesa.

7. L'ANGOIXA ES FA NOTAR EN EL COS

No l'esquivis ni l'ocultis, escolta-la, expressa-la, perquè t'està alertant d'alguna cosa. Hi ha estudis científics, en el camp de la psiconeuroimmunologia, que determinen l'efecte que exerceixen les nostres emocions en el benestar del nostre cos i dels seus símptomes. La nostra predisposició i la nostra actitud intervenen en gran mesura, a favor o en contra, en la salut i el benestar del nostre cos. Aprenguem a escoltar-nos!

Quan vivim angoixats, no tan sols experimentem emocions i sensacions tòxiques, sinó que, si no som capaços de detenir-les a temps, aquestes emocions i aquestes sensacions buscaran un «camí» per amagar-se i allotjar-se en algun òrgan del nostre cos fins a emmalaltir-lo. Seria molt ingenu creure que el mal d'estómac està relacionat només amb el que vas sopar ahir. El tema és que ***el nostre cos pateix amb nosaltres.***

A això que sentim físicament ho anomenem ***somatització.***

- mal de cap
- mal d'esquena
- mala digestió

- insomni
- tremolors

Aquests són alguns dels símptomes que hem de tenir en compte per controlar les nostres emocions quan apareguin.

Per tant, no ens acomodem en aquesta situació de considerar normal o passatger el malestar que experimenta el nostre cos. Si no et disposes a resoldre el que et passa, el teu propi cos començarà a alertar-te, et passarà factura i, llavors, encara que no vulguis, hauràs d'escoltar-lo.

Segons Víctor Manuel Fernández,* quan tenim una malaltia o un dolor, no hem d'estimar aquest dolor, sinó que ens hem d'estimar a nosaltres mateixos amb aquesta malaltia o amb aquest dolor.

> **Les fantasies que ens creem no ens deixen establir contacte amb la realitat, que sempre té alguna cosa bona per oferir-nos.**
>
> **Víctor Manuel Fernández**

Moltes vegades, quan patim, **ens agredim a nosaltres mateixos**, com si ens culpéssim inconscientment per aquesta malaltia o per aquest dolor. Per això, quan estem malalts durant molt temps, ens baixa l'**autoestima**, ens sentim poca cosa** i, podem afegir-hi, «ens omplim de culpa».

I la culpa, com veurem en un altre capítol, només ens produeix més dolor i més angoixa. Necessitem aprendre a reconèixer totes les coses bones que tenim i no permetre que aquelles que no ho són tant ens dominin.

* Víctor Manuel Fernández: *Para librarte de los apegos y obsesiones*, Buenos Aires, Editorial San Pablo, 2007, p. 65.

** Ibídem, p. 5.

8. TÈCNIQUES I ESTRATÈGIES SENZILLES PER SORTIR DE L'ANGOIXA I APRENDRE A SER UNA MICA MÉS FELIÇOS

Per trencar el cercle de l'angoixa, hi ha un camí els primers passos del qual són els següents:

- **Disposar-te a sortir de l'angoixa, parlar tot el que necessitis, expressar-te**
  Una idea pot ser escriure una carta explicant-te a tu mateix el que t'està passant o fins i tot parlar-ho amb algú directament. Ja veuràs l'alleujament que et genera poder expressar tot el que tenies guardat. T'animo que ho facis, t'ajudarà molt.

- **Aprendre a administrar els records amb saviesa**
  Els éssers humans posseïm una capacitat extraordinària per arxivar en la nostra memòria tot el que vivim i, també, per recordar-ho quan ho necessitem. Pensa quantes situacions difícils i tristes has vençut, quants fets que et semblaven terribles has superat i dels quals has sortit fins i tot més enfortit. Quant dolor vas superar amb una traïció que vas patir o amb la notícia inesperada de la mort o de la malaltia d'aquell familiar que tant estimaves? Has superat moltes situacions, i de la que avui estàs passant també te'n sortiràs. La seva durada dependrà de com l'assumeixis i de la prioritat que atorguis als successos tristos que et passin. La carrera és dels valents, i la vida la viuen els que s'animen i lluiten. La decisió de seguir et permetrà afrontar qualsevol situació que es presenti. Per això has d'utilitzar les victòries del passat com a mostra

que pots fer-ho. De la mateixa manera, has de saber que hi ha records que ja estan esgrogueïts, com una foto vella. Ja no et serveix de res veure'ls cada dia, perquè, quan ho fas, et tornes a submergir en el dolor que vas passar. Pots elegir quines coses recordar i quines coses no, pots triar a quins records s'ha d'aferrar la teva ment. Per això, si hi ha àlbums que saps que s'han de llençar, fes-ho.

- **Redescobrir els nostres aspectes desconeguts**
  Al llarg de la vida ens adonem que és en aquests moments de dolor i d'angoixa quan aprenem qui som veritablement i quina és la nostra essència. A partir d'aquí, d'aquestes situacions, marcarem la diferència.

L'home se sent realitzat en la mesura
en què es compromet al compliment
del sentit de la seva vida.

- **Cada dolor té un aprenentatge, i cada aprenentatge és una oportunitat de penetrar en un món desconegut però moltes vegades sorprenent**
  Com més gran sigui la teva disponibilitat per no romandre en aquest estat de derrota, abans sortiràs i avançaràs malgrat les circumstàncies.
  Beethoven va escriure les seves millors obres musicals després de quedar-se sord.

- **Despertar al gegant adormit**
  Les dificultats i les crisis desperten en nosaltres el gegant i el potencial que estaven adormits. La història explica que Abraham Lincoln és considerat un dels

millors presidents que va tenir els Estats Units. No obstant això, probablement no hauria estat tan important en el seu rol si no li hagués tocat guiar el país a través de la guerra civil.

No demanem que els nostres problemes siguin més fàcils, sinó ser més forts. No hem de demanar menys reptes, sinó més saviesa, perquè vindran nous reptes.

- **Reconèixer que no podem tenir el control de tot**
  És bo ser conscients que hi ha molts aspectes fora de la nostra àrea d'influència. El que sí podem fer és millorar la nostra predisposició i l'obertura de la nostra ment per entendre que el nostre ser interior, després del dolor, necessita ser guarit i restaurat. Recordem que la vida està composta en un 10% pel que ens succeeix, l'inevitable, però l'altre 90% dependrà de com l'afrontem, la qual cosa ens dóna un sentit de protagonisme i evita que caiguem en el rol de víctimes. Permetem-nos experimentar aquestes emocions, però no permetem que s'instal·lin i controlin la nostra vida, perquè llavors es transformen en una cosa tòxica.

No s'hi val a resignar-se ni a emmalaltir!

La Bíblia, al llibre d'Habacuc, diu: «Encara que la visió trigui, s'afanya cap a la fi; per tant, espera, perquè, sens dubte, vindrà.»

Les persones que arriben a la meta, que superen aquesta crisi, són les que saben que trobaran obstacles pel camí, però, malgrat això, decideixen afrontar-los i continuar.

Si no està a les teves mans canviar una situació que et produeix dolor, sempre podràs escollir l'actitud amb la qual afrontis aquest patiment.

- **Tenir disposició i adoptar l'actitud correcta**
  Amb una disposició i una actitud correcta, els resultats seran increïbles. Del dolor i del patiment, si els ho permets, en sorgiran el potencial, una voluntat de ferro i una capacitat sobrenatural per sobreposar-te. El dolor porta desafiaments amagats i oportunitats d'or.

> La ment té el seu propi lloc, i en si mateixa pot convertir l'infern en cel o el cel en infern.
>
> John Milton

Hi ha circumstàncies que no podem canviar i altres que no podem evitar, però sí que podem determinar com viure-les.

Tinc una bona notícia: qualsevol situació difícil també està subjecta a la llei del temps i passarà, no durarà tota la vida, no t'hi aturis.

El teu interior alberga tot el que necessites per afrontar-la. Els recursos estan a punt perquè els utilitzis.

> El noranta per cent dels que fracassen no han estat derrotats en realitat, simplement renuncien.
>
> Paul J. Meyer, empresari i motivador nord-americà, autor de *best-sellers*

Aquests moments difícils existiran, no els podrem evitar, és una realitat que hem d'acceptar, viure i superar. I així és com caminaràs, superant-los, perquè estàs capacitat per viure'ls sense angoixa tòxica.

Posem fre a l'angoixa, superem-nos a nosaltres mateixos i aprenguem a ser feliços. Ets una persona que té un destí, una meta per assolir. La teva vida no és absurda en absolut. Al contrari, la teva vida és única.

3

LA INSATISFACCIÓ CRÒNICA ÉS TÒXICA

> Hi ha persones que es consideren perfectes, però és només perquè s'exigeixen menys.
>
> HERMANN HESSE

Fins a quin punt és positiva la insatisfacció? Per determinar la toxicitat d'aquesta emoció, cal que comencem distingint els aspectes normals i positius que conté per després identificar quan ens pot fer mal.

El sentiment d'insatisfacció, quan és una emoció positiva, sol brindar-nos la motivació i l'energia necessàries per perseverar malgrat els obstacles. És aquest pessigolleig que ens manté en moviment i ens porta a resoldre problemes i a buscar solucions. Hi ha gent que diu: «Jo prefereixo sentir-me insatisfet abans que conformar-me i resignar-me», i això està molt bé, perquè parla de l'actitud de millora contínua.

No obstant això, la insatisfacció crònica, que és aquest sentiment permanent de falta d'aprovació, es produeix quan constantment et dius a tu mateix que podries haver fet més, quan sents que facis el que facis sempre trauràs un nou i mai un deu. Per a les persones que tenen aquesta emoció tòxica, el resultat sempre serà «gairebé»: «gairebé ho he acabat, gairebé ho he assolit, gairebé hi he arribat». A aquestes persones sempre els sembla, com se sol dir, «tard, poc i malament», fins i tot per ser feliç, ja que, en definitiva, darrere d'això es troba la seva felicitat.

La insatisfacció ocasional és positiva i et porta a millorar, la insatisfacció crònica és tòxica i et condueix al perfeccionisme.

L'atenció als més mínims detalls per part d'una persona que sent insatisfacció pot resultar molt útil per a la investigació científica o per a les llargues jornades de treball d'un artista davant de la seva creació, ja que els portarà a anar més enllà del que faria la majoria de la gent, a investigar una mica més. Així mateix, és interessant notar que, sovint, esportistes, científics i artistes famosos mostren trets de perfeccionisme.

La insatisfacció crònica és tòxica, ja que causa patiment i **ens porta a tenir un enfocament negatiu del compliment dels nostres somnis, cosa que ens impedeix gaudir del camí.**

Complir expectatives altes, obtenir a qualsevol preu el reconeixement buscat, arribar on ens van dir que havíem d'arribar sense ser els nostres propis somnis, castigar-nos en excés i maltractar-nos en cometre un error, centrar-nos massa en els resultats sense gaudir de la vida, sense saber ni tan sols si tindrem oportunitat de veure'ls i sense tenir en compte que en el procés s'han perdut amistats, parelles i temps, és nociu.

Obsessionar-se amb la perfecció és com voler córrer al mar o nedar al desert. Els especialistes associen el perfeccionisme a una àmplia varietat de trastorns tals com:

- depressió
- anorèxia o bulímia
- ansietat
- fòbies
- atacs de pànic
- còlon irritable
- colitis
- afeccions coronàries

1. L'EXPECTATIVA IMPOSSIBLE: SER PERFECTES

El perfeccionisme consisteix en la creença que es pot ser perfecte i s'ha d'aconseguir. Una persona perfeccionista considera inacceptable qualsevol cosa per sota de la perfecció.

A la persona ultraperfeccionista se la sol conèixer comunament amb el terme de SUPERHOME o SUPERDONA. Homes i dones que es deixen la vida intentant ser els pares perfectes, els esposos perfectes, els fills perfectes, els germans perfectes o els amics perfectes. Porten posat un vestit de superheroi. Allà per on caminen s'autoimposen la perfecció i tenen idees sense sentit, objectius i metes que són impossibles d'assolir perquè són simplement il·lusions.

El perfeccionisme els converteix en persones vulnerables i dependents. En un determinat moment, el perfeccionisme també els robarà la felicitat.

2. ORIGEN D'AQUESTA EXIGÈNCIA

Carl Jung pensa que la imatge de la perfecció està present des del naixement, que hi ha un arquetip o model de perfecció en l'inconscient humà que ens empeny cap a la perfecció.

La veritat és que, com la major part de les característiques de la personalitat, el perfeccionisme té la seva arrel en la família i, en especial, en els primers anys de vida del nen.

Pares autoritaris, exigents, crítics, difícils de complaure i impredictibles en les seves reaccions creen fills perfeccionistes. Aquesta classe de pares brinden als seus fills una classe d'amor condicional. Els diuen coses com: «Si et portes bé, et compro un gelat», «Si et va bé a l'escola, et regalo la bicicleta». Obliguen la persona a ser necessàriament perfecta. Són incapaços de validar i aprovar la conducta dels seus fills, encara que s'equivoquin, una cosa fonamental perquè tot ésser humà pugui desenvolupar una imatge pròpia sana i un sentit positiu de la seva personalitat.

Segons els psicòlegs, la persona perfeccionista actua impulsada per la motivació negativa interna de tractar d'evitar la desaprovació, el rebuig i la crítica que va rebre dels seus pares.

El perfeccionista és obsessiu, dóna voltes al mateix error i viu amb el mateix pensament d'equivocació al cap.

No accepta el canvi i perd de vista que cada canvi porta un nou entrenament.

3. TEST: PERFECCIONISTA JO?

El perfeccionisme et condueix a viure pensant en el que és negatiu, amb la qual cosa es genera un clima al teu voltant que ho condiciona tot negativament: «No hauria d'haver-ho dit», «Com vaig poder actuar així? No ho hauria d'haver fet, això», «Tot està malament. La meva vida és un fracàs. Mai no aconseguiré res. Sóc un desastre». I aquestes veus negatives sempre estaran allà, intentant avortar el teu propòsit.

El perfeccionista es concentra en els detalls i perd de vista el propòsit

Ets perfeccionista? Marca amb un SÍ o un NO amb una X, segons correspongui:

	SÍ	NO
1. Quan començo alguna cosa, em preocupa equivocar-me.		
2. Tinc metes molt elevades i difícils d'aconseguir.		
3. Intento evitar la desaprovació dels altres.		
4. Quan faig alguna cosa, no em puc relaxar fins que estigui perfecta.		
5. Sento que, fins i tot fent les coses al millor possible, no és suficient per als altres.		
6. Si cometo un error, sento que tot s'arruïna.		
7. Sé quin tipus de persona hauria de ser, però mai ho aconsegueixo.		
8. De nen, tot i que feia les coses bé, sentia que no arribava a complaure els meus pares.		
9. Quan aconsegueixo una meta, em sento insatisfet.		
10. Em sento culpable o avergonyit si no faig les coses perfectament.		

Si més de tres preguntes han tingut un SÍ com a resposta, llavors ets una persona perfeccionista. Però avui pots sortir de les urpes del perfeccionisme per entrar en l'excel·lència. Respon sincerament.

- *Amb quines d'aquestes característiques principals t'has identificat?*

- *Notes que es repeteixen en totes les àrees de la teva vida o només en algunes?*

Avui dia sentim molta gent que diu: «Sóc molt exigent amb mi mateix i amb els altres.» Creuen que el fet de ser exigents o perfeccionistes els conduirà a l'excel·lència. Això és mentida!

4. L'AUTOEXIGÈNCIA NO ET PORTA A L'EXCEL·LÈNCIA

El perfeccionisme mai et condueix a l'excel·lència. L'exigència mai et porta a l'excel·lència. Vegem algunes característiques d'una persona perfeccionista o molt exigent:

- **Sempre està insatisfeta amb el que fa**
  Sempre sent que, encara que ha fet les coses bé, podria haver-les fet una mica millor. Mai té pau i no gaudeix de res. En el cas de les dones, intenten ser les mares perfectes, les esposes perfectes, les filles perfectes, les amigues perfectes o les germanes perfectes. Per on caminen necessiten perfecció, perquè, si no són perfectes —o no es veuen a si mateixes així—, no poden actuar. El perfeccionista és crític amb ell ma-

teix i amb els altres, i es concentra només en els errors. Evita córrer riscos per no equivocar-se i, en aquesta carrera per la perfecció, «no fa res» per la por que té d'equivocar-se.

- **Acaba funcionant lentament**
Necessita revisar tot el que fa moltes vegades i té la sensació constant que sempre falta alguna cosa per arribar a la perfecció.

- **És molt crítica amb ella mateixa i amb els altres**
Té molt poca tolerància als errors propis i aliens. Per aquest motiu, els psicòlegs diuen que la majoria dels depressius són persones perfeccionistes. El perfeccionisme pot portar a la depressió. Aquesta classe de persones associen la seva autoestima als seus èxits: si aconsegueixen alguna cosa se senten bé, i, si no ho aconsegueixen, se senten malament perquè la seva autoestima està relacionada amb la capacitat de produir coses.

> **La perfecció és una polida col·lecció d'errors.**
>
> **Mario Satz**

- **Té metes il·lògiques**
És aquella persona que, per exemple, vol baixar vint quilos en una setmana. O aquella dona de seixanta anys que desitja tenir el cos de la seva filla de vint. Les dones que avui pateixen bulímia i anorèxia tenen la il·lusió de ser perfectes i es diuen: «Jo vull tenir el cos d'aquesta model», i s'aprimen i s'aprimen i s'aprimen i, malgrat que s'aprimen, segueixen veient-se grasses. Són metes irreals, inassolibles.

- **Estableix terminis de temps inassolibles**
D'aquesta manera, la persona se sent frustrada, perquè mai no aconsegueix arribar a la meta. Les seves metes són impossibles, elevades, viu amb una excessiva preocupació pel concepte que els altres tenen d'ella. Agradar a tothom és una meta inassolible que el perfeccionista busca permanentment. «Que ningú em critiqui», «No vull quedar malament amb ningú», «Que ningú s'assabenti de les meves coses». Aquestes persones pateixen per tot, solen repetir una tasca diverses vegades fins que els surt bé, però mai no se senten satisfetes, mentre que, en aquesta repetició, perden l'energia i el temps. Pensen que les coses han de sortir perfectes, que es fan bé o no es fan, que no hi ha grisos, sinó que tot és blanc o tot és negre. I sempre estan pensant en el que els altres pensen.

- **És negativa en la seva manera de pensar i rígida en la seva manera de fer les coses**
La persona perfeccionista té la mentalitat de tot o res. És el que es coneix com a pensament polaritzat, ja que creu que només pot triar entre dues opcions: bo o dolent, bonic o lleig, perfecte o imperfecte. Quan arriben canvis a la seva vida, es deprimeix i no pot avançar, es queda estancada.

- **Creu en el principi de «voler és poder»**
Pensa que, si realment desitja quelcom, ho aconseguirà, cosa que es denomina «voluntarisme». És la creença errònia que amb només activar la voluntat un aconsegueix coses. Per exemple, si dic que vull moure la mà, la moc. No obstant això, per moure-la, necessito tenir mà, estar neurològicament sa, tenir ossos i

músculs, és a dir, l'equip necessari per aconseguir el meu desig.

- **Té els seus ulls posats només en la meta**
  El perfeccionista no aconsegueix assolir el que es proposa perquè necessita, a més, l'equip i els principis necessaris. És com el que munta a cavall i té els seus ulls posats en la meta, però mai es deté a mirar el cavall, no veu si té gana o set, si pot arribar. S'exigeix i exigeix als altres perquè posa els seus ulls només en la meta i diu: «Hi he d'arribar costi el que costi, sigui com sigui, ho hem d'aconseguir.» No obstant això, no avalua si disposa dels recursos per fer-ho.

> **Procurant el millor, fem malbé el que està bé.**
>
> **William Shakespeare**

5. Ferides i cicatrius

El perfeccionisme pot resultar molt perjudicial quan porta una persona a posposar tasques. Això es produeix en el cas d'aquella persona que no pot començar una tasca fins que ha decidit la manera correcta de fer-la o en aquella que mai s'atreveix a córrer riscos per por d'equivocar-se (perfeccionisme paralitzant).

També pot conduir una persona a menysprear-se a si mateixa quan l'utilitza com una forma d'excusar el seu mal rendiment o de buscar constantment l'aprovació incondicional i la comprensió dels altres.

Sol dir: «Et sembla que no puc aconseguir els meus objectius? Doncs dec ser beneit.» En general, els perfeccionistes viuen sota tensió i estrès. Un perfeccionista pot ser fins i tot una persona tímida, que no s'atreveix a enfrontar-se al món i té problemes en les seves relacions interpersonals perquè pensa que els altres necessiten veure-la perfecta per poder acceptar-la.

Pot arribar a sacrificar activitats socials i familiars per aconseguir els seus objectius.

El perfeccionista no pot gaudir de la vida. No obstant això, tots tenim les habilitats i les capacitats necessàries per transformar tot allò que no ens permet avançar. Tota creença i emoció errònia ha de ser refutada i tu mateix has de qüestionar-la. ***Per què ha de ser així? Què passaria si ho fes així o d'aquesta altra manera?***

Hem de desenvolupar noves formes d'expressar-nos; si no, el perfeccionisme acabarà fent-nos infeliços.

Tot el que hem après es pot desaprendre, i això et toca fer-ho a tu. Incorpora creences sanes i vertaderes, refuta tot allò que fins avui no t'ha donat resultats i comença a aplicar l'assaig i l'error. Si t'equivoques, quin problema hi ha? Ho tornes a intentar les vegades que siguin necessàries fins a donar vida al disseny que està en la teva ment. Ets creatiu, no perdis el temps en esquemes tancats i limitats. Crea la teva pròpia imatge, la teva pròpia obra.

6. ESTRATÈGIES I FORMES PRÀCTIQUES PER SORTIR DE LA INSATISFACCIÓ QUE PORTA AL PERFECCIONISME

Desitjar superar-se i millorar constantment està molt bé. Tots hem d'aconseguir fer les coses al millor possible. No obstant això, el problema del perfeccionisme és que té com a objectiu metes inassolibles. I és aquesta mateixa exigència la que produeix al perfeccionista una contínua insatisfacció.

Perfeccionisme i infelicitat estan entrellaçats.

Reflexionem sobre totes aquestes conductes que ens impedeixen fluir en llibertat i amb passió. Quan ho fem, identificarem tots aquells canvis que ens permetran gaudir de tot el que fem.

- **En primer lloc, acceptar-me tal com sóc, sabent que vaig ser creat com un ésser únic i especial sobre tota la faç de la terra**
  Quan m'hagi acceptat com sóc, puc començar a treballar i a fer tot el necessari per aconseguir un caràcter equilibrat, harmoniós, madur. I a partir d'aquí, he de buscar la millora contínua, gaudint de cada cosa que faig i no imposant-me càrregues a mi mateix.

- **Seguir caminant**
  L'única manera d'avançar i de créixer és moure's. He de seguir caminant, malgrat que hi hagi coses que no em surten bé, que no m'agraden o em fan por. He de donar-me permís per equivocar-me sense castigar-me ni torturar-me mentalment. Quan intenti avançar, sempre em vindran a la ment els pensaments negatius que em faran recordar la meva equivocació del passat. He de rebutjar tot dubte i dir-me: «Segueixo caminant perquè hi ha alguna cosa per aconseguir.» No em puc aturar!

- **El que no arrisca no guanya**
  El perfeccionista veu l'error com un enemic. «No em

puc equivocar.» «No em surt res malament perquè sóc perfecte.» Mantenir-ho tot sempre igual és molt còmode, però atura el creixement. Hem de sortir de la zona de confort! Estem cridats a créixer! M'he d'imposar metes realistes i terminis de temps que es puguin complir. No importen els errors que cometem, l'important és **no aturar-se** i assolir el propòsit que desitgem per a la nostra vida.

- **No donar importància als pensaments negatius**
  Els pensaments negatius em vénen a la ment per boicotejar l'èxit. S'ha d'aprendre dels propis errors, deixar-los enrere i seguir endavant. He d'aprendre que tinc la capacitat per prendre les meves pròpies decisions i que, si m'equivoco, no és la fi del món. He d'alterar la meva ment transformant el que és negatiu en una cosa positiva i gaudir del que he aconseguit.

- **Ser lliure de les expectatives dels altres, dels «hauries...», «et convindria...», «seria millor si...»**
  S'ha de renunciar a l'opinió dels altres i no buscar la seva aprovació. He de reconèixer i valorar els meus punts forts i les meves debilitats. Sóc humà! I sóc vulnerable, la qual cosa és bona! He de valorar els meus punts forts i veure les meves debilitats com les limitacions que té tot ésser humà. S'ha de tenir una actitud positiva enfront de la vida i ser feliç.

- **Mantenir metes que es puguin assolir. Perseverar**
  Hem de mantenir-nos ferms, no concentrar-nos en els detalls, sinó en el somni final. Els detalls distreuen, entretenen i detenen.

- **Practicar el respecte i el perdó cap a mi mateix**
  Si no em brindo aquestes coses a mi mateix, mai no podré brindar-les a una altra persona. Ningú no pot donar el que no té! He de dedicar més temps als meus propis desitjos i necessitats, i no tan sols a les obligacions.

- **No analitzar una vegada i una altra cada circumstància que passa en la meva vida**
  Ens hem de riure més de nosaltres mateixos. El sentit de l'humor redueix la tensió de l'exigència. I, finalment, hem d'atrevir-nos a no ser perfectes! La vida és una aventura emocionant i meravellosa quan aconseguim relaxar-nos, acceptar-nos i estimar-nos malgrat els nostres errors. COMETRE UN ERROR ÉS PERFECTAMENT NORMAL!

El que només està content amb la suprema perfecció mai no tindrà èxit davant seu ni davant els altres.

- **Ser excel·lent, no perfecte**
  «Excel·lència» és l'habilitat per millorar contínuament. Per a això es necessita estar obert als canvis, ser flexible davant el fracàs i acceptar els propis errors. Només en acceptar-los, estarem en condició de revertir-los. S'ha de conquistar el desig de seguir. Ens hem d'obrir als canvis, al que és nou, al que encara no ha vingut. S'ha de triar una actitud d'excel·lència. I... mai més postergar els propis somnis! **He d'assolir els grans projectes que tinc i no aturar-me.**

Hi ha una coneguda faula de Samaniego que explica que un cérvol perfeccionista es delectava contemplant el seu reflex en una font bonica i cristal·lina. Enamorat de la bellesa de les seves banyes i les seves precioses ramificacions, es lamentava, no obstant això, que els déus no li haguessin concedit extremitats més belles i proporcionades. Se sentia molt trist en contemplar les seves potes llargues, primes i ossudes.

Mentre el cérvol continuava lamentant-se de la seva «imperfecció», va veure aparèixer un llebrer ferotge i, per evitar ser devorat, va fugir ràpidament cap al bosc. Però les seves boniques banyes li van jugar una mala passada: es van enredar entre les branques i va quedar atrapat en la malesa. Quan tot semblava indicar que cauria a les urpes del seu atacant, el cérvol va aconseguir escapar d'una mort segura gràcies a les seves primes, elàstiques i «lletges» potes.

Igual que aquest cérvol, potser no has aconseguit identificar encara la bellesa que hi ha en la teva vida i estàs encegat per un ideal de perfecció inassolible. Mai no és massa tard, pots començar avui mateix!

Pots ser una persona feliç, plena, lliure i gaudir de la vida, fins i tot sense ser perfecta. Pots alliberar-te del perfeccionisme, de les teves pròpies exigències i demandes. Vas néixer amb la capacitat de ser lliure. La llibertat és un dret que tens de naixement.

Tingues en compte que tots cometem errors i que la persona intel·ligent aprèn dels seus propis errors i la persona sàvia aprèn dels errors dels altres.

Vas ser dissenyat per a l'èxit, i el camí que hi porta està ple de fracassos. No tinguis por al fracàs, converteix-lo en el teu aliat, en el teu millor amic per arribar a la meta. Que les teves dificultats et desafiïn a revelar tot el teu potencial, a alliberar el millor de tu!

Transforma la teva ment cada dia. Pensa en solucions i no et compliquis, ni compliquis els altres per l'afany que tot sigui perfecte. Sigues senzill. Usa la saviesa que està en el teu interior. Dóna't avui mateix l'oportunitat de no ser perfecte i gaudir-ho.

Qui amb perspicàcia declara la seva limitació es troba molt a prop de la perfecció.

Johann W. Goethe

4

L'AFECCIÓ TÒXICA

> El teu cor és lliure, tingues valor per fer-li cas.
>
> WILLIAM WALLACE

Pràcticament constatem una evidència en adonar-nos que l'afecció pot ser tòxica. No obstant això, encara hi ha moltes persones que, per algun motiu, segueixen vivint en aquest estat emocional tòxic que els fa mal.

Quantes vegades has sentit a dir a algú que si l'altre no hi fos no hauria pogut prendre una decisió? Quantes vegades has pensat que si aquesta altra persona no estigués al teu costat no sabries com continuar vivint? Per què et costa tant deixar créixer els teus fills? Per què et genera tanta inseguretat la teva parella?

Per què esgotes les teves energies fent que «tot estigui sota control»? Què et porta a esperar que els altres et facin feliç?

Aquestes reaccions són pròpies de l'afecció tòxica, una emoció de la qual es pot sortir.

L'afecció emocional pot ser tòxica, per a la teva identitat i per al teu potencial.

Pateixen afecció emocional tòxica els homes i les dones l'estima dels quals ha estat tan manipulada que no poden veure's a si mateixos com a éssers complets i aptes per assolir tot el que es proposin.

Són persones que han assumit com a vertader que l'altre és més important que ells mateixos i, a partir d'aquesta falsa creença, han pensat i han viscut desqualificant-se i agredint-se. Tot el que és dels altres és important, excepte el que és d'ells mateixos; per tant, miraran la seva vida amb menyspreu i desdeny.

Aquestes conductes i pensaments adquirits no tan sols et fan dependre dels altres, sinó que també en determinades oportunitats fan que vulguis tenir el control o et centris, de manera obsessiva, en les necessitats i les dificultats d'altres persones.

La persona amb afecció tòxica sent que no és important i que l'altre sí que ho és. Pensa que ha d'ocupar-se que als altres no els falti ni els passi res, sense tenir en compte que corre el risc de descuidar encara més les seves pròpies necessitats i la seva vida mateixa. Et resulta familiar?

1. LA PERSONA AMB AFECCIÓ ÉS CODEPENDENT

Una persona codependent viu amb moltes pors i massa frustracions, i la seva principal pregunta és què passaria amb la seva vida si l'altre —la persona a qui ha atorgat el dret de determinar la seva vida— no estigués amb ella. Per cert, amb el temps, sol convertir-se en **addicta a la gent**.

Hi ha dones que necessiten un home al seu costat, encara que no els doni el tracte que es mereixen o abusi d'elles. «El necessites.» Sempre que hi ha abandonament, hi haurà necessitat de dependre de la gent. És clar que això no és exclusiu del sexe femení. Avui podem dependre de la nostra parella, demà potser de la paraula d'aprovació d'un cap, del que decideixin els altres, i relegar així els nostres gustos i les nostres preferències.

La persona codependent entrega a l'altre el control de les seves emocions i les seves decisions. Algú que sigui codependent et dirà: «Tu em faràs feliç.» O dirà: «Tu ompliràs el meu buit.» Massa expectatives posades en l'altre.

La codependència és una conducta de caràcter addictiu.

Juan A. Brenad ho defineix així:

«Una forma d'automenyspreu consisteix a sotmetre'ns sense condicions a les apreciacions i els judicis dels altres, sense tenir en compte el preu que això pot suposar. I condueix sovint a la negació i la destrucció d'un mateix i a exposar-se al risc de convertir-se en víctima dels seus possibles abusos.

»En aquest sentit, és convenient reconèixer que sovint reaccionem amb exageració davant les crítiques nímies dels altres, ens les prenem massa seriosament i ens oblidem de les coses importants de la vida, aquelles que tenen efectes profunds sobre la nostra vida a llarg termini. En procedir d'aquesta manera, caiem en la trampa d'adaptar-nos a la nostra negativitat i regulem la nostra vida a partir dels missatges dels altres, moltes vegades emesos amb escassa consciència del que diuen i que, per part nostra, fem créixer desproporcionadament.*

Sovint veiem aquesta conducta en parelles i familiars de persones addictes que es tornen dependents de les relacions violentes, en persones addictes a les relacions, al flirteig, al sexe, en aquelles que han estat sotmeses a casos d'abús i assetjament, en persones que no han estat valorades des de petites i a les quals els van fer sentir que, sense «els altres», les seves vides valien molt poc o res.

2. TEST: SER O NO SER CODEPENDENT

Ets una persona codependent? Marca SÍ o NO amb una X, segons t'identifiquis amb l'enunciat de les preguntes:

	SÍ	NO
1. Em sento responsable de la vida dels altres, de les seves accions i també del que pensen i senten.		
2. Sempre dic «sí» quan, en realitat, vull dir «no».		
3. Tinc el desig permanent d'ajudar els altres a resoldre els seus problemes, tant si m'ho demanen com si no.		
4. Crec que els altres m'han de fer feliç.		
5. Generalment actuo mogut per la culpa i per un sentit d'obligació molt forta.		
6. Els problemes de les persones a les quals estimo no em permeten gaudir de la vida.		
7. Quan els altres canviïn i siguin com jo vull, seré feliç.		

* Juan A. Brenad: *Desarrollo de la harmonía interior*, Bilbao, Desclée, 2000, p. 222-223.

	SÍ	NO
8. Si no m'ocupo de la vida d'algú, la meva pròpia vida no té gaire sentit.		
9. Quan els altres parlen malament de mi i em critiquen, en general, em sento atacat.		
10. Poques vegades expresso com em sento. Crec que als altres no els interessa gaire.		

Si més de tres preguntes han tingut un SÍ com a resposta, llavors ets una persona codependent. Respon sincerament.

- *T'has sentit identificat amb alguna d'aquestes frases?*

- *Amb quina freqüència les repeteixes?*

Hi ha una faula d'Isop que explica que hi havia una guineu que saltava sobre uns turonets. De sobte, va estar a punt de caure i, per evitar la caiguda, es va agafar a un esbarzer. Però les pues de la planta li van ferir les potes i li van produir molt dolor. Llavors va dir a l'esbarzer:

—He acudit a tu perquè m'ajudessis, però m'has ferit!

I l'esbarzer li va respondre:

—Tu en tens la culpa, amiga, per agafar-te a mi! Ja saps que serveixo per enganxar i ferir a tothom, i tu no n'ets l'excepció!

Quan, igual que la guineu de la història, sentim que no ens podem enfrontar sols al món i, per por de caure, ens aferrem a una altra persona i la convertim en un salvavides o en una crossa, tard o d'hora ens farem mal.

La codependència és tòxica i contrària a la naturalesa de llibertat i individualitat amb la qual venim al món; per això sempre ens causarà dolor.

Però, tranquil·litat, igual com tota conducta s'aprèn, també **es pot desaprendre**. Només necessitem reconèixer les nostres debilitats, treballar-hi, guarir la nostra autoestima, i serem lliures de la gent i podrem començar a moure'ns amb la llibertat amb la qual hem estat creats, però de la qual mai no ens hem servit.

3. IDENTITAT DE LA PERSONA CODEPENDENT

Angoixada i insegura, una persona amb afecció experimentarà emocions que li trauran les ganes i la capacitat de gaudir de la vida al màxim. Vegem algunes de les conductes que caracteritzen una persona codependent:

- ***És una persona insegura.*** El codependent s'abandona i viu experimentant i demanant les opinions dels altres.

  Pensa que els altres són més importants que ell i sempre busca la sobrevalorada opinió dels altres. «Què faries en el meu lloc?», «Què et sembla?», «Tu què en penses?». El criteri de la gent que l'envolta es converteix en la seva font per prendre decisions.

- ***És una persona controladora.*** Com que la persona codependent necessita desesperadament l'altre per ser feliç, es tornarà controladora i utilitzarà la manipulació per mantenir tothom sota control. La realitat és que aquestes persones pateixen un dolor emocional molt profund que encara no han pogut superar.

- ***Dubta de les seves capacitats.*** Sent que no té capacitat per enfrontar-se al món per si mateixa. Altres senten que necessiten un guardaespatlles afectiu, una crossa emocional per poder enfrontar-se amb la vida, el món i els seus conflictes. La seva inseguretat i les seves pors no li permeten elegir ni decidir. Per aquestes característiques, la persona codependent buscarà algú suposadament «ferm i segur» que l'ajudi a afrontar les crisis de la vida.

La llibertat significa responsabilitat; per això, a la majoria dels homes els fa tanta por.

George Bernard Shaw

Totes les forces dels codependents estan dipositades en l'altre.

El seu lema preferit és: «No puc enfrontar-me amb el món jo sol, necessito algú», frase que els converteix en uns éssers codependents dels altres i els condemna a viure enganxats a les decisions dels altres.

I tota afecció tòxica comporta patiment i dolor. No obstant això, no tan sols podem enganxar-nos a persones, sinó també a llocs, circumstàncies, esdeveniments, creences o costums. Cada un d'ells funcionarà com una crossa interior. El problema no és l'objecte en si mateix al qual t'enganxes o sents que vols controlar, sinó **la teva ment**.

Per això no cal que t'allunyis de certes persones o et desprenguis de certes coses ni que canviïs de lloc. L'important és la perspectiva que tinguis sobre ells.

> Les cadenes de l'esclavitud només lliguen les mans: és la ment la que fa l'home lliure o esclau.
>
> Franz Grillparzer, escriptor austríac

No confonguem flexibilitat amb debilitat. Una persona flexible és forta, no rígida; ferma, no estàtica. Canviar la perspectiva significa adoptar una mentalitat flexible que et permeti veure altres alternatives.

4. PRIMERA PERSONA: JO

És molt difícil que puguis gaudir d'experiències noves i conèixer persones i llocs nous si sents una afecció tòxica cap al que avui tens.

No obstant això, pots trencar aquesta afecció que tant mal fa si decideixes canviar hàbits, actituds i tallar amb la codependència. Si estàs a punt, cal que et col·loquis en primer lloc.

Què significa posar-me en primer lloc?

- ***Significa acceptar-me a mi mateix***
  És fonamental que aconsegueixis acceptar-te a tu mateix, que t'estimis, que et cuidis. Si no ho fas, acabaràs copiant els altres. I tu ets un original, no ets la imitació de ningú. Quan et van crear, es va trencar el motlle. Tu tens les teves pròpies capacitats i qualitats, i no necessites ser una altra persona. Sigues feliç amb la persona que ets i sigues lliure de la gent. La gent amb èxit sempre destaca per una virtut única que la distingeix de la resta.

- ***Significa respectar-me a mi mateix***
  Si no aprens a respectar-te a tu mateix, maltractaràs els altres i els altres et maltractaran a tu. No pots esperar que una persona et tracti amb respecte quan no et respectes a tu mateix. De la mateixa manera, mai no tindràs capacitat per respectar algú si primer no et respectes a tu mateix. Com et tractis a tu mateix, tractaràs els altres.

- ***Significa saber amb absoluta certesa quin és el meu somni***
  Si no dónes prioritat al teu somni, viuràs el somni d'un altre. Avui dia veiem moltes persones que no saben per què viuen. No tenen idea de per què estan en aquest món. No tenen projectes ni metes per complir i, amb el pas dels anys, els sobrevé la tristesa perquè han renunciat a somiar. Potser s'han dedicat a complir i a viure el somni dels altres, en lloc de descobrir el seu propi somni.

Només si saps amb certesa quin és el teu somni serà capaç d'ajudar un altre a complir el seu.

Miquel Àngel va pintar el sostre de la Capella Sixtina. Si hagués pintat el terra, avui ja s'hauria esborrat. No visquis els somnis dels altres, converteix el teu propi somni en realitat. Vas ser creat amb la capacitat de perseguir i aconseguir-los tots. Primer visualitza't com la persona que vols arribar a ser i, un dia no gaire llunyà, seràs aquest home o aquesta dona. Atreveix-te a somiar!

- ***Significa reconèixer els meus errors***
  Si no reconeixes els teus errors, sempre viuràs posant

excuses. Quan comets un error i busques una excusa (argumentació de per què les coses es van fer malament), ja tens dos errors: l'error i l'excusa. Ens excusem quan no volem reconèixer els nostres errors.

Els fracassats són experts a donar excuses. Tu no! Utilitza aquesta energia per produir i generar nous projectes i idees d'or.

No et detinguis en l'error, no et limitis a fer fotos de la prova. Segueix endavant, perquè, quan caiguis enmig de les dificultats i tornis a aixecar-te, ho faràs enfortit i una mica més savi. L'important no és caure, sinó aixecar-te ràpid. No importa el que t'hagi passat en la vida, torna a aixecar-te sempre! I recorda que **«un home no està acabat quan cau, sinó quan deixa d'aixecar-se»**.

- ***Significa resoldre primer els meus conflictes***

Hi ha persones que no poden resoldre els seus propis conflictes i, no obstant això, volen resoldre els problemes dels altres.

Quan no resols primer els teus problemes sinó que tractes de resoldre els dels altres, t'estàs enfrontant al conflicte equivocat. En el teu interior hi ha les habilitats i les capacitats que necessites per resoldre cada problema que se't presenti. No tinguis por de les dificultats. Les dificultats tenen el propòsit de fer-te millor, no més amargat. Quan aconsegueixis veure els problemes com a oportunitats, t'ajudaran a créixer.

5. ÉS POSSIBLE ALLIBERAR-SE DE L'AFECCIÓ EMOCIONAL TÒXICA?

Sí, és possible! Quan talles amb la codependència, ets lliure de la gent per poder relacionar-te amb tothom de manera sana i amb una nova mentalitat oberta i flexible. Però si has depès d'alguna cosa o d'algú la major part de la teva vida, és probable que tinguis por de la independència. Així és com aquest temor pot arribar a paralitzar-nos.

El fet d'haver depès de l'aprovació dels altres fa que la nostra ment romangui arrelada en la creença inconscient del «no tinc...».

Vull tenir la meva pròpia casa i deixar de viure amb els meus pares, però tinc l'excusa perfecta: «Sí, però no tinc diners...»

Vull començar el meu propi negoci i deixar de dependre econòmicament de la meva parella, però dic: «Sí, però no tinc idees creatives...»

Vull estudiar una carrera i aconseguir un títol universitari, però em dic: «Sí, però no tinc capacitat...»

La suma de totes aquestes creences errònies actua com un fre que, en desenvolupar-se en el nostre interior, ens omple d'angoixa i ens impedeix llançar-nos cap als somnis i les metes que ens hem proposat.

> **L'home neix lliure, responsable i sense excuses.**
>
> **Jean Paul Sartre**

Per això, inconscientment, buscaràs que algú se sumi a compartir el teu somni. Les fantasies que ens creem en la nostra pròpia ment no ens permeten assolir tot el bo que encara no ha arribat. Per això sempre busquem l'altre per aconseguir el nostre somni i, en part, no està malament. No obstant això, has de tenir en compte que tu ets al cent per cent la persona a la qual t'has d'unir.

Quan penses que no ets res o que no tens el suficient i busques un altre que t'ajudi a aconseguir una cosa, t'exposes a caure en l'abús. Si busques l'altre pensant que té tot el que tu no tens, ja siguin diners, capacitats, intel·ligència, forces, ganes, entusiasme, segurament viuràs sota «la dependència de», i si «aquest altre» decideix deixar de compartir el teu somni, et tornes a sentir-te res.

Només quan tinguis ben clar que ets un ésser humà complet al cent per cent que dins seu té tot el que necessita per triomfar en la vida, podràs unir-te a un altre per formar un equip sense convertir-te en una persona codependent. I quan ho facis, que sigui per potenciar-vos mútuament i aconseguir resultats extraordinaris.

6. PERILL: CODEPENDENT

El perill més gran de l'afecció emocional tòxica cap a una altra persona és que el que supleix el que creus que no tens, encara que sigui «la millor persona del món», en algun moment potser s'ho voldrà cobrar. Fins i tot la teva mare —que és la millor persona del món— et pot arribar a dir: «Jo, que t'he parit», amb la qual cosa pretén cobrar-te la vida que suposadament ella et va donar. I llavors sentiràs que estàs eternament en deute amb ella perquè «li deus la vida».

I el deute és una llei contrària a la prosperitat, perquè treballa per empetitir-te, i tu vas venir al món amb el desig i el potencial per expandir-te i créixer en totes les àrees de la teva vida. Necessitem aprendre a transformar el deute perquè treballi al nostre favor. Si dius «**avui**, no ho puc fer, però crec que **demà** sí que ho podré fer», estaràs fent del teu problema una cosa transitòria.

Perquè la llei t'afavoreixi has de tenir en compte dues coses:

1. **Paciència activa.** Amb la nostra boca i les nostres paraules determinem: «Espero, confiat, que demà les meves circumstàncies canviïn per bé.» És la declaració d'una espera activa, en moviment.
2. **Perseverança.** És sostenir el desig en el temps, malgrat els obstacles, i seguir actuant. En aquest punt és on molta gent s'equivoca, perquè volen, fan, segueixen volent, però davant del primer problema abandonen. Al principi estan molt entusiasmades amb el desig, fan tot el possible per aconseguir-ho, però no són perseverants i, finalment, deixen que tot se'n vagi en orris.

Perseverança és no defallir,
i és veure que, quan sigui l'hora, recolliràs
el que vas sembrar.

El temps dependrà de la dimensió del projecte, per això has de perseverar especialment en els moments de dificultat.

El desig més profund de Demòstenes era ser un gran orador, però va néixer tartamut i, per tal d'aconseguir-ho, es va posar pedres a la boca per incrementar la seva dificultat. Va pensar que, si podia parlar amb les pedres a la boca, quan se les tragués la tartamudesa desapareixeria i aconseguiria parlar normalment. Demòstenes va ampliar la seva limitació.

És a dir, que, per vèncer la limitació que patia, va agreujar el seu problema, perquè, si era capaç de resoldre'l, la seva dificultat passaria a ser secundària. De vegades, perquè el problema et sembli senzill, hauràs d'agreujar la seva dificultat.

Amplia les teves limitacions i trobaràs
la vertadera mesura del teu poder.

> Moltes coses no ens atrevim a emprendre-les, no perquè siguin difícils en si, sinó que són difícils perquè no ens atrevim a emprendre-les.
>
> Sèneca

Descobriràs un poder més gran del que pensaves que tenies. Potser com Demòstenes, hauràs d'agreujar voluntàriament la teva dificultat per ser independent, fer un esforç més gran, treballar més, exercitar-te en alguna cosa, ampliar el teu límit. I, finalment, podràs dir: «La dificultat que tenia era insignificant, una veritable bajanada.» Pots aconseguir molt més encara del que estàs fent!

7. ESTRATÈGIES I FORMES PRÀCTIQUES PER LLIURAR-SE DE L'AFECCIÓ TÒXICA

- Busca dins teu les coses i els fets o paraules que fins avui t'han fet sentir que la teva vida no valia la pena, renuncia-hi i comença de nou. Pren avui la decisió de ser independent, sense culpes i sense laments.
- Eradica tota creença negativa de la teva ment, renuncia als «no puc», «no ho sé» i canvia'ls per «puc» i, si no en saps, canvia'ls per «n'aprendré».
- Adopta una actitud de serenitat davant la vida i les teves circumstàncies, sense deixar d'estar enèrgicament decidit a complir els teus objectius.

- Coneix els teus punts forts, el teu «do predominant», allò que millor saps fer, valora-ho i treballa per desenvolupar-ho.
- Sigues perseverant. Continua, continua i continua.
- Busca un motiu per alegrar-te tots els dies, sense importar el que els altres facin o deixin de fer.
- Entrena't per veure sempre possibilitats on altres veuen dificultats.

Anima't a començar de nou i decideix que, per a la teva vida, **les coses velles ja van passar i ara totes són noves!**

I, per sobre de totes les coses, ***no visquis la vida de ningú!*** Tens el dret donat per Déu de ser lliure. Vas ser creat per ser amo de la teva pròpia vida. Per ser el director de la teva pròpia pel·lícula. Arrisca't a ser independent, no t'enganxis a ningú ni a res. L'únic que donarà valor i significat a la teva vida seràs tu, els teus somnis, els teus èxits i les metes que aconsegueixis.

> **Tota afecció i obsessió per alguna cosa o per algú et fa infeliç. Perquè «pretendre» una afecció sense infelicitat és com buscar aigua que no sigui humida. Mai ningú no ha trobat la fórmula per conservar els objectes de les pròpies afeccions sense lluita, sense preocupació, sense temor i sense caure, tard o d'hora, derrotat.**
>
> **Anthony de Mello***

Si els somnis que has tingut en el passat s'han ensorrat, construeix somnis nous. Lluita per ells. Ets un triomfador!

Trenca el cercle viciós del «no tinc...». Disposes d'infinits recursos —intel·ligència, alegria, economia, creativitat— i un potencial interior que, desenvolupat al màxim, et

* Anthony de Mello: *Una llamada al amor*, Santander, Sal Terrae, 1991, p. 28.

> **La llibertat, Sanxo, és un dels més preciosos dons que als homes va donar el cel; amb ella no poden igualar-se els tresors que contenen la terra i el mar: per la llibertat, així com per l'honra, es pot i s'ha d'aventurar la vida.**
>
> **Don Quixot**

pot portar a realitzar les coses més meravelloses que mai t'hagis imaginat. Tens en el teu interior la saviesa necessària per resoldre qualsevol dificultat. Renuncia per sempre al «no puc». Pots aconseguir absolutament tot el que et proposis perquè posseeixes totes les capacitats, les habilitats i la força interior suficient per assolir els teus somnis. El teu potencial no té límits. L'únic que pot limitar-te ets tu mateix, i tot límit comença en la teva ment. Posar-te en moviment depèn de tu i de ningú més. Atreveix-te a ser lliure! No te'n penediràs.

Ser lliure sí que val la pena!

5

L'ENUIG TÒXIC

> El qui domina la seva còlera, domina el seu pitjor enemic.
>
> CONFUCI

Totes les nostres emocions existeixen per ser sentides. Com a part d'aquestes emocions, enfadar-se és una cosa normal i universal. Segons la manera com s'utilitzi, però, l'enuig pot ser una emoció generadora d'energies o una emoció tòxica.

Quan ens enfadem? Quan no es compleixen les nostres expectatives: bàsicament, quan esperem una cosa i en rebem una altra.

L'enuig és una força emocional que, quan es canalitza bé, ens fa seguir endavant superant obstacles i pot ser part de la resiliència. Tot dependrà de què fem amb aquesta emoció, de la manera com l'exterioritzem. Aquesta actitud serà la que determinarà si l'enuig és positiu o no.

1. DE L'ENUIG A LA VIOLÈNCIA

Moltes persones solen confondre enuig amb violència, però són dos conceptes diferents. Com hem dit, l'enuig és una emoció normal, saludable i natural en tot ésser humà, mentre que la violència, ben al contrari, és una conducta tòxica i patològica. La violència és una forma tòxica d'expressar l'enuig.

L'enuig és energia i, si sabem utilitzar-lo, ens serà útil per resoldre situacions difícils.

Imaginem-nos que volem aconseguir una cosa, per exemple, anar a un determinat lloc a una determinada hora. De cop, plof, algú ens destrossa el maleter del cotxe que acabem d'estrenar! De la ràbia, no sabem a qui pegar primer!

Segurament, la nostra primera reacció no tindrà filtres del tipus: «Pobra dona, sens dubte, no li han respost els frens. Potser ha xocat amb mi perquè estava molt preocupada per algun assumpte important...» Rara vegada pensem així, per no dir mai.

La primera reacció en una situació com aquesta és la d'enfadar-nos, el que en psicologia anomenem «frustració», i la violència és la resposta més comunament utilitzada en aquests casos.

No obstant això, sigui quina sigui la situació en la qual ens trobem, no podem permetre que l'enuig es transformi en violència, perquè hi ha altres recursos que podem anar incorporant per no arribar a «explotar».

2. MITES SOBRE ELS NOSTRES ESTATS D'ÀNIM

Al llarg de la nostra vida, hem anat incorporant idees falses sobre l'enuig, i un dels conceptes que ens han ensenyat és que hi ha dos models d'ira: o la tenim activada o no la tenim activada, però no hi ha un terme mitjà. Els qui van adoptar aquest mite només posseeixen aquestes dues maneres de reaccionar i per a ells no hi ha grisos: exploten o es guarden tota la ràbia.

Però avui dia s'ha comprovat que hi ha diferents graus d'ira. Per exemplificar-ho, podríem dir que, quan ens enfadem, hi ha llums d'alerta: llum groga, llum vermella o llum negra. Cada color indica que l'enuig va augmentant, i la llum negra significa l'explosió.

Si volem que el nostre enuig no sigui una emoció tòxica, el més sa seria, en primer lloc, comprendre que tots tenim permís per enfadar-nos i, en segon lloc, conèixer els diferents recursos interns dels quals disposem per evitar que l'enuig tòxic ens domini. Per exemple, saber que tots tenim domini de nosaltres mateixos, cosa que vol dir ni més ni menys que tenim autoritat sobre nosaltres i sobre les nostres reaccions.

Quantes vegades has dit: «La veritat és que se me'n va anar la mà, perquè no n'hi havia per a tant»?

Quantes vegades t'has penedit de paraules que mai no hauries hagut de pronunciar?

Quantes vegades has descarregat el teu enuig en la persona equivocada?

Segur que moltes. Per això crec que és molt bo que, abans de seguir llegint, t'aturis en el que detallarem a continuació.

Segons un conte popular, hi ha quatre coses a la vida que no es recuperen:

1. *Una pedra després d'haver estat llançada*
2. *Una paraula després d'haver estat dita*
3. *Una oportunitat després d'haver-se perdut*
4. *El temps després d'haver passat*

La violència és una conducta anormal i el seu objectiu és fer mal a l'altre. Hi ha diversos motius pels quals una persona transforma el seu enuig en ira i violència.

Hem de tenir en compte que:

- ***Com més frustració hi ha en la persona, més agressió hi haurà***
  Entenem per frustració un impediment, un obstacle que se'ns posa davant del camí i que ens dificulta aconseguir una meta. Quan la persona viu l'obstacle com una cosa frustrant, com un impediment, immediatament reacciona amb agressió. Hi ha persones amb molt baixa tolerància als «no» i qualsevol escull que se'ls anteposi farà que esclatin amb fúria.

- ***Per una creença errònia, «la violència és normal»***
  Cada vegada que una persona es veu exposada a la violència, es produeix un reflex psicològic anomenat «desensibilització»: com més violència veig, més normal es torna per a mi. Aquests paràmetres d'aparent normalitat fan que la persona funcioni agressivament o violentament com si aquestes formes de relacionar-nos fossin normals. De sobte, actes com cridar, trencar coses i insultar es transformen en una cosa quotidiana i comuna. Pensem, per exemple, en la quantitat d'imatges violentes que veiem per televisió diàriament. Arriba un moment en el qual, després de veure tants segrests, morts, droga, robatori i violència, ens

hi tornem insensibles. Arribem a acceptar aquests fets com a normals i naturals.

- ***La violència obeeix a un determinat tipus de personalitat***
  La violència s'activa en persones del Tipus A. En psicologia, la persona Tipus A té tres característiques. En primer lloc, es tracta de persones competitives: tot és motiu de comparació i competència. En segon lloc, són persones que treballen contra rellotge: posseeixen un estat de pressió permanent o d'estrès que no s'atura. En tercer lloc, el seu tret més característic és la intolerància. Són persones de poca tolerància, explosives, a les quals se'ls en va la llengua o les mans. Aquestes tres característiques generen persones més violentes i més agressives.

La línia entre l'enuig i la violència és prima. No obstant això, les conseqüències d'un simple enuig o d'un atac de violència són totalment diferents. Canalitzar correctament les nostres energies és de vital importància. Per exemple, si penses en alternatives i et preguntes com pots resoldre aquest problema, podràs focalitzar el teu enuig de manera positiva. Contràriament, si el teu enuig es concentra en l'obstacle que et frustra, segurament no podràs arribar a trobar cap solució.

Quants «no» has rebut de la vida i de les persones a les quals estimes? Quants «no» et van dir aquells en els quals confiaves més?

Seguramement molts. No obstant això, la bona notícia és que és igual quants «no» vas rebre a la teva vida, el que importa és que avui et miris a tu mateix i decideixis el que has de viure d'ara endavant.

T'ha passat alguna vegada?

Tenies pressa, arribaves tard a la feina i, quan has corregut per agafar l'autobús, el conductor no ha parat... O has arribat a l'estació de metro, estàs fent cua com un bon ciutadà, esperant que et toqui el torn i una persona es posa davant teu sense demanar-te permís. Baixes del metro i t'empenyen fort sense demanar-te disculpes. I no tan sols això, sinó que passa un cotxe a gran velocitat i t'esquitxa tota la roba... i així és com moltes vegades comencem el dia. Novament, sorgeix la pregunta: «És normal enfadar-se?» I, novament, la resposta: «Sí!» Davant d'aquestes situacions, el que no seria sa és estar de mal humor tot el dia pels incidents del matí. Per això, quan ens enfadem, hem de tenir en compte què «ens convé» abans d'optar pel que «tinc o no tinc ganes de fer».

3. M'HE ENFADAT, I ARA QUÈ FAIG?

El pitjor que podem fer amb l'enuig tòxic és posar-lo sota el nostre control, perquè no li agrada ser dominat. No obstant això, nosaltres, que en coneixem les conseqüències, hem de posar-li un límit. Per això, hem d'elegir les reaccions que tindrem abans que l'enuig ho faci per nosaltres.

Primer: elegir el nostre estil

La qüestió és què fem amb l'enuig. Dins de les opcions que hi ha, podem fer quatre coses:

1. ***Optar per l'estil passiu*:** És el d'aquelles persones que guarden l'enuig i no s'adonen que el reprimeixen. Moltes persones solen encapsular l'enuig en el seu cos i després generen malalties greus. És l'anomenada síndrome del **mosquit mort**. No van registrar que estaven enfadades. La gran majoria de la gent amb depressió pateix aquesta síndrome.

2. ***Reaccionar de manera passiva-agressiva*:** En aquest cas, la persona reprimirà la seva ira i després l'expressarà afiladament o amb to sarcàstic. Quan es conté l'enuig, comencen a produir-se una sèrie de reaccions altament tòxiques. Aquí apareix la síndrome de la **bomba de temps**, és a dir, del que guarda la ira i n'és conscient. O la síndrome del **verí gota a gota,** del que se l'empassa i la treu a poc a poc. Quan en té ocasió, deixa anar indirectes o cops de peu, com a forma d'expressar la seva disconformitat.

3. ***Seguir el camí de l'explosiu*:** Davant de qualsevol frustració, la persona trencarà coses, pegarà i farà mal fins que s'hagi desfogat. El seu grau de tolerància és molt baix i no pot acceptar un «no» com a resposta als seus requeriments. Es tracta d'una personalitat rígida.

4. ***Escollir l'estil guanyador*:** És el tipus de persona que sap expressar verbalment l'enuig i l'utilitza com una força de superació. El problema no està a enfadar-se, sinó a guardar o reprimir l'enuig. L'estil guanyador és el que sap dir el que sent en temps i forma. Ho fa amb temps, és a dir, que es dóna temps per entendre el que li succeeix i per què se sent d'aquesta manera. Després

busca com expressar-ho a la persona correcta d'una manera que no sigui agressiva.

Segon: elegir la nostra estratègia

Quan estem enfadats, ens oblidem d'utilitzar la saviesa, que no és ni més ni menys que usar el sentit comú. No obstant això, cal:

1. ***Interrogar l'enuig*:** En aquest instant que no et suportes ni a tu mateix, pregunta't per què estàs enfadat i si val la pena que t'enfadis per aquest motiu.

   Moltes vegades, en realitat es tracta d'un pseudomotiu, perquè el que ens molesta és una altra cosa. El que ens molesta no és tan rellevant i podríem deixar-ho passar. Però si el que ens fa enfadar és rellevant i real, llavors passem al següent pas.

2. ***Deixar sortir l'enuig*:** Hem de deixar sortir l'enuig i la ira: si no els tractes a temps i reverteixes la situació, en algun moment s'exterioritzaran sota la disfressa d'un mal de cap o d'estómac o d'ossos.

   L'enuig no és un sentiment del qual hagis d'avergonyir-te, si saps controlar-lo. Aquest sentiment està íntimament lligat al que penses que et mereixes i no et van donar o al fet que no et van reconèixer i et van ofendre.

3. ***Expressar-ho en paraules*:** No hem de guardar-nos l'enuig, sinó que hem de parlar del que ens molesta i fer-ho **de manera constructiva**. Aquest és un punt clau!

   Posem-ne uns quants exemples: «Necessito que

facis menys soroll», «Necessito que em tractis bé». Mai no comencis una conversa parlant de l'altre, mai acusis, pregunta. S'ha de saber demanar. Quan inicies una conversa dient «tu vas fer això o allò», estàs tancant el diàleg que es podia haver generat. Pots elegir com reaccionaràs: ocultant el teu enuig o elegint les paraules que t'ajudin més a solucionar el conflicte que el va generar. Començar a atendre els teus propis senyals i alarmes farà que aprenguis a cuidar-te i sàpigues què és el millor per a tu. Expressar l'enuig produeix bons sentiments, eleva la teva autoestima i la sensació d'estar en pau amb els altres, però especialment amb tu mateix.

No endevinis el que li passa a l'altre,
és millor preguntar-li-ho.

Avaluem el que l'altre sent i carreguem amb culpes alienes. És indispensable aprendre a relacionar-nos amb l'altre i establir els límits en el tracte per arribar a relacions amb èxit. El problema sempre és intern, no extern. Necessitem resoldre'l des de dins, en lloc d'esperar que l'altre canviï.

4. ***Elegir el moment i el lloc***: Si en un lloc hi ha algú que està enfadat, és millor marxar-ne. Quan vegis una persona enfadada, no li diguis que es calmi, perquè la seva reacció serà sempre posar-se pitjor. Quan vegis algú enfadat, digues-li que prefereixes anar-te'n perquè t'estàs començant a enfadar i no vols parlar així. Surt de la situació. La ira és contagiosa. L'enuig, també.

5. ***Buscar més informació*:** Moltes vegades ens enfadem pels nostres prejudicis o perquè ens precipitem a jutjar algú. La Bíblia diu que els savis vigilen a deixar anar l'enuig. No et precipitis en les teves interpretacions.

6. ***Fer que el nostre cos també deixi de barallar-se*:** Hi ha persones que han deixat de barallar-se mentalment, però continuen fent-ho en el seu cos. Si sortim d'una situació estressant, és important desconnectar en tots els sentits i generar la descàrrega d'energia necessària caminant o realitzant alguna activitat que ens dispersi.

Reconeix el teu enuig, però no hi visquis.
Deixa'l anar de manera sana.

Sostenir emocions violentes ens esgota i ens consumeix. Potser qui t'ha originat aquest dolor no sap que te l'ha ocasionat i viu sense cap problema. No obstant això, no afrontar-lo et fa sentir que no pots fer-te càrrec del conflicte. Per això, et correspon a tu enfrontar-te a aquestes emocions. No és l'altre qui ho ha de fer, sinó tu.

Tercer: elegir el nostre llegat

De què ens alimentem? Siguem selectius amb el que rebem diàriament i amb el que incorporem a la nostra vida interior com a hàbits i formes de funcionar, ja que **això serà el que transmetrem als nostres fills**.

Potser et preguntaràs què és el més natural en l'ésser humà. Es neix amb la pulsió violenta i s'ensenya la no-violència? O és al revés i com a adults eduquem i transmetem també conductes i raonaments violents?

Quines conductes exemplars i quotidianes estem transmetent? Agredim i ens indignem perquè els altres agredeixen...?

Des de l'instant en què naixem, comencem a relacionarnos amb els altres i amb el món que ens envolta. Som éssers socials i, com tals, necessitem aprendre a funcionar. I els primers que es faran càrrec de la nostra educació seran els nostres pares...

Com a pares, ensenyem als nostres fills **models de resolució de conflictes** sense tenir present que el que fem és el que, finalment, ells imitaran.

Com a adults, necessitem poder transmetre als nostres fills el concepte del bé i del mal i una manera concreta de «moral». Es tracta d'aclarir-los que hi ha coses que són dolentes i sempre ho seran: pegar, mentir, robar, fer mal, insultar...

1. ***Sortir de l'ètica situacional*:** El que és dolent sempre serà dolent. Si el teu fill ha portat del col·legi una cosa que no és seva, el millor és dir-li que ha de tornar-ho l'endemà, ja que, segurament, algú ho estarà buscant. No obstant això, avui molts consideren que el fet de quedar-se amb les coses que no els pertanyen és un fet de poca importància i diuen: «És un cotxet, deixem-l'hi; si no, plorarà...» Però aquesta conducta és errònia. Hem d'allunyar-los del concepte d'**ètica situacional,** que diu que una cosa és bona o dolenta segons el context. No es pot mentir perquè l'altre ha mentit; no podem pegar perquè l'altre t'ha cridat; no podem quedar-nos el que no és nostre perquè a nosaltres també ens van prendre coses, etcètera. ***El que és dolent sempre serà dolent.***

2. *Ser responsables*: La responsabilitat consisteix a tractar de fer-nos càrrec de les conseqüències dels nostres propis actes. Durant anys, als fills se'ls ensenyava a «considerar-se culpables de tot», però ***la culpa no serveix, el que serveix és fer-se càrrec de les coses.*** Ells necessiten saber que cada decisió té conseqüències i que les conseqüències són el resultat de les nostres decisions.

   Com a pares, hem d'ensenyar-los a descobrir que ningú «**em** provoca» o «**em fa** sentir així», sinó que jo tinc «el control remot» del meu món emocional. El grau de compromís que els nostres fills adquireixen sobre les seves conductes és summament important en el desenvolupament de la seva intel·ligència emocional. Val la pena que invertim en ells, ja que el que hagin après a casa creixerà amb ells i ho portaran a tots els altres àmbits en els quals comencin a relacionar-se.

> Si hi ha rectitud en el cor, hi haurà bellesa en el caràcter. Si hi ha bellesa en el caràcter, hi haurà harmonia a casa. Si hi ha harmonia a casa, hi haurà ordre a la Nació. Si hi ha ordre a la Nació, hi haurà pau al món.
>
> Confuci

No hi ha res millor que invertir la nostra vida en somnis i metes. No hi ha res millor que adonar-se que no has perdut el temps, sinó que has invertit aquest temps en somnis grans i que els has complert.

En la ment i en l'ànima del que està en pau amb ell mateix no hi ha temps per a la violència.

4. Recursos per resoldre problemes i conflictes

Aldous Huxley va escriure el següent: «Els fets no deixen d'existir perquè els ignorem.» I així és, hi ha maneres positives i negatives d'expressar l'enuig. Com a persones civilitzades que som, ens urgeix aprendre a fer-ho positivament, sense ferir-nos ni a nosaltres mateixos ni el que tenim a prop.

Les emocions contingudes són les que determinen que la persona continuï estant enfadada i sentint emocions tòxiques que atempten contra la seva salut emocional.

Si vivim amb enuig, acabarem perjudicant-nos a nosaltres mateixos i aïllant-nos del món que ens envolta. A ningú no li agrada estar amb persones que viuen enfadades, que sempre criden, plenes d'ira i que l'únic que fan és parlar i tractar malament a tothom.

La vida té els seus propis problemes; per això, intentem per tots els mitjans possibles de fer-nos i fer als altres la vida més fàcil.

Posa en pràctica alguns dels suggeriments següents:

- **Remou idees velles**
  Si no ho fas, no podràs rebre idees noves. El problema de molts és que tenim idees velles i, com més temps estan en el nostre cap, més temps creurem que són vertaderes, encara que siguin bajanades. Necessitem remoure, rascar i treure les idees equivocades, parlar amb qui calgui per crear pensaments sans i correctes tant en la nostra ment com en la nostra ànima.

- **No neguis els problemes**
Cal reconèixer que el problema existeix, però que no durarà sempre.

- **Pensa que potser no és personal**
Quan algú tingui un problema amb tu, no t'ho prenguis immediatament com una cosa personal. Aprenguem a escoltar. L'escoltar té poder, perquè el que té la informació té poder. Salomó deia: «El savi escoltarà i augmentarà el seu saber; mentre que el neci respon abans d'escoltar.» Escoltar significa no interrompre, no anteposar sempre la meva creença. Motiva l'altre a parlar, a expressar de la millor manera possible el seu enuig. Saber escoltar és un element poderosíssim i les persones, avui més que mai, necessiten ser escoltades.

> **Val més dominar-se a si mateix que conquistar ciutats.**
>
> Salomó

- **Felicita tot el possible**
És difícil barallar-se amb algú que ens ajuda i ens estima. Reculls el que sembres. Sembra felicitació, una paraula d'admiració: «Com t'has esforçat!», «Que bé que ho has fet!», «Que bo és això que has aconseguit!». Sembrar paraules d'ànim, d'afecte, de consideració, obre camins enmig dels conflictes.

> **El do de l'home eixampla el camí.**
>
> Salomó

- **Surt de l'automaltractament**
Resolguem la violència que els altres exerceixen sobre nosaltres sense deixar de resoldre la violència que

moltes vegades prové de nosaltres mateixos. Existeix també una violència interna que moltes vegades exercim contra nosaltres mateixos, emocions que empresonem, ira i enuigs que no ens permetem expressar ni verbalitzar per no caure malament als altres. Potser ets violent amb tu mateix perquè no expresses el que et passa davant d'aquells a qui més estimes. Potser vas triar tolerar la ira, l'angoixa, la soledat per no discutir... Aquest és el camí més curt, però no el que et proporcionarà l'energia que necessites per canviar i modificar la teva vida. Ningú, excepte tu, saps els teus pensaments i les teves emocions. L'altre desconeix els processos de canvi pels quals estàs passant. Agafar el camí més llarg, a vegades, implica més cansament i necessita més perseverança, però segurament és el que et conduirà a l'èxit.

La meta és aprendre a expressar l'enuig.

- **Sigues conscient que segons com vegis el futur serà el teu present**
Si en un determinat moment de la teva vida et rebutgen, hi haurà altres persones que estaran esperant una paraula teva. Si algú t'ha rebutjat, estàs a punt de trobar el lloc on t'acceptaran tal com ets i t'ajudaran a millorar.

Si t'han tret d'un lloc, no t'amoïnis; vés a un altre. *La gent agredeix perquè siguis com ells, però ningú pot avançar cap al futur mirant cap enrere.* No permetis que els altres determinin la teva manera d'actuar. Potser aquest que una vegada t'ha rebutjat, un altre dia et necessitarà.

L'enuig enfocat a la gent és tensió; però l'enuig enfocat en la solució és expansió.

- **Bolca tots els teus enuigs en les solucions, perquè estàs fet per a coses grans**
  Camina en llibertat, per parlar, per acceptar i per rebutjar el que no vols en la teva vida. Totes les solucions als nostres problemes estan en els nostres pensaments positius. Això significa parlar positivament de nosaltres mateixos, motivar-nos positivament i pensar positivament.

A mesura que Déu anava creant el món deia: «És bo.» Per què ho deia, això? Perquè estava aprovant el que creava i, amb la frase «és bo», donava força i fermesa a la seva creació. Però quan Déu va crear l'home i la dona, no va dir això, sinó que va dir: «Això és molt bo», amb la qual cosa ens estava dient: «Vosaltres sou el màxim, vosaltres sou el millor.» Ens estava reconeixent com la perfecció de la seva creació. I així és, som molt bons. Tenim gens, herència i potencial per assolir tot el que ens proposem. Alimentem-nos de tot el que ens estimuli, ens beneficiï, ens enforteixi i ens ajudi a seguir creixent i a ser millors persones.

Hi ha una llegenda àrab que explica que dos amics viatjaven pel desert. En un determinat punt del viatge, van discutir i un va donar una bufetada a l'altre.

L'altre, ofès, sense dir res, va escriure a la sorra: «Avui, el meu millor amic m'ha pegat una bufetada a la cara.»

Van seguir endavant i van arribar a un oasi, on van decidir banyar-se. El que havia estat bufetejat va començar a ofegar-se i el seu amic el va salvar. En recuperar-se, va aga-

far un estilet i va escriure en una pedra: «Avui, el meu millor amic m'ha salvat la vida.»

Intrigat, l'amic va preguntar:

—Per què, després de fer-te mal, has escrit a la sorra, i ara escrius en una pedra?

Somrient, l'altre amic va respondre:

—Quan un gran amic ens ofèn, hem d'escriure a la sorra, on el vent de l'oblit i el perdó s'encarregaran d'esborrar-ho; però quan ens passa una cosa gran, cal gravar-la a la pedra de la memòria del cor, on cap vent del món no pugui esborrar-ho.

6

L'ENVEJA TÒXICA

Qui cedeix el pas eixampla el camí.

L'enveja és una emoció que intoxica les nostres relacions interpersonals, la nostra manera de connectar amb els que ens envolten. Patim nosaltres i els qui ens envolten. A l'envejós li costa molt celebrar els èxits dels altres, ja que fa una comparació immediata en la qual sempre surt perdent.

És molt difícil amagar el que sents quan veus passar la teva amiga amb un vestit nou o veus entrar el teu amic en un cotxàs o veus una família feliç quan tu estàs enmig d'un divorci... Et canvia la cara!

El paó, amb la cua desplegada, estufat enmig de deliciosos prats verds, amb aigües lluents i arbustos, semblava escampar al seu voltant, sota els raigs del sol, una pluja de pedreria, una rosada de maragdes, de safirs i d'or. L'envoltava un espès cercle d'admiradors extasiats, i ell gaudia de la situació. Però a un que hi havia allà se li va ocórrer dir en *veu alta que també era molt bonic el faisà daurat. Amb això no havia pres gens de mèrit al paó, però ell es va quedar molt trist, gairebé com si li haguessin dit que era lleig.* ***Hi ha moltes persones que es pensen que el mèrit dels altres els rebaixa el d'ells.****

1. COMPTE AMB L'ENVEJA!

Tots tenim metes i somnis, i podem optar per admirar o envejar les persones que els han aconseguit. L'enveja és la reacció tòxica d'aquesta admiració.

L'enveja et fa desitjar el que té l'altre i, en conseqüència, busques destruir aquesta persona. Es pot envejar un cos bonic, els diners que es guanyen o una feina espectacular, la casa, la família, la salut... Hi ha alguna cosa realment efectiva contra l'enveja tòxica?

Què sento quan veig algú que ha aconseguit una cosa?

- Veig que la meva amiga ja s'ha casat i no ho puc evitar: com m'agradaria que el marit la deixés, perquè tornaria a estar sola com jo!
- Veig que a ell l'han ascendit i em fa ràbia... Com m'agradaria que li anés malament, així veurien el que es perden!

* Godofredo Daireaux: «El paó i els seus admiradors», faula extreta de *http://es.wikisource.org/wiki/El_pavo_real_y_sus_admiradores*

Envejós, jo?

Envejar és voler el que té una altra persona, és sentir dolor i ràbia perquè l'altre ha aconseguit el que tu encara no has aconseguit. L'enveja és una cosa tan destructiva que una persona es pot morir d'enveja i ningú no se n'adona perquè la processó va per dins.

Estic segur que alguna vegada has sentit que t'envejaven. Ara, doncs, t'invito a descobrir si alguna vegada has sentit enveja tu fent el següent test. Contesta SÍ o NO, i suma els SÍ:

	SÍ	NO
1. Si un amic té èxit professional, et sents malament?		
2. Quan algú del teu entorn de treball o vida privada actua de forma encertada i fins i tot lloable, et costa alabar-lo?		
3. Et sents malament quan algú important alaba una altra persona que coneixes?		
4. Et sents malament quan a la feina algú dedica més temps a un dels teus companys que a tu?		
5. Sents que no reps el mateix afecte que molts dels teus amics?		
6. En les reunions socials, t'agrada destacar o fer-te l'interessant?		
7. Critiques gent famosa o persones a les quals no coneixes?		
8. T'anima que algú que ha triomfat estigui passant ara un mal moment?		
9. Et sents malament si et tracten de la mateixa manera que a altra gent?		
10. Alguna vegada has pensat que els amics no saben el que vals?		

Si has sumat més de quatre SÍ, t'està afectant l'enveja i el millor és reconèixer-ho.

La persona envejosa viu amargada perquè no tolera que a l'altre li vagin bé les coses.

Una vegada, un rei volia saber què era pitjor: si ser garrepa o envejós. I per això va buscar l'envejós més gran i el garrepa més gran del regne i els va dir:

—Vull regalar-vos una cosa. Demaneu-me el que vulgueu, que donaré el doble a l'altre.

Llavors l'avar va preguntar:

—Rei, em donaràs tot el que et demani?

—Sí.

—I si et demano dues cases, me les donaràs?

—Sí, i a l'altre li'n donaré el doble.

Llavors l'envejós va dir a l'avar:

—Tria primer tu.

—I ara —li va dir l'avar—. Per què són els amics?

Fins que al final, l'envejós va dir:

—Doncs demanaré primer jo. Vull que em treguis un ull —va dir al rei, perquè a l'altre els hi traguessin tots dos.

L'envejós prefereix patir perquè l'altre pateixi més, en lloc de viure bé i que l'altre visqui bé.

Són amargats, viuen competint, comparant-se. Es comparen amb tots. Si algú els diu: «Mira, he perdut cinc quilos», llavors afegeixen: «I jo me n'he engreixat quaranta.» Quan algú declara: «Mira, he trobat nòvio», l'envejós explica: «A mi m'ha deixat el meu.» Davant de la notícia de: «He trobat feina», l'envejós pot dir: «I jo l'he perduda.» Quan algú explica: «Em caso», l'envejós pot afegir: «I jo m'acabo de separar.» Viuen competint: «A ella l'han ascendit i a mi no.»

Com una nena que torna del col·legi plorant:
—Mama, diuen que sóc envejosa, no aguanto més.
—Deixa'ls —li diu la mare—. Aniré al col·legi a parlar amb tots aquests desgraciats i aniran tots a l'infern.
—No, mama, perquè se n'hi aniran ells i jo no.

L'enveja neix de la sensació, de la creença ben arrelada que mai tindré el que té l'altre. Per exemple, si estiguessis segura que perdries vint quilos, envejaries el que també els va perdre?

Quan sàpigues que pots tenir una casa, salut,
una família i estar segur de les teves capacitats,
mai més no tindràs enveja de ningú.

2. L'ENVEJÓS TÉ «LA LLENGUA AFILADA»

L'envejós porta «la processó per dins». Es tracta de persones que han reprimit ires, les tenen guardades i et voldran crivellar amb les seves llengües afilades. Mai no aconsegueixen res, perquè usen el poder de les paraules per intentar destruir el que envegen.

Si connecto les meves paraules
amb les meves emocions tòxiques,
les meves paraules no construiran res.

Diferents tipus de llengües afilades

1. ***El sàdic-sarcàstic***

   Són aquestes persones que amb humor i amb rialletes sarcàstiques et tiren una bomba: «Gràcies, però em podries haver preguntat quina era la meva flor preferida abans de portar-me'n una.» En realitat, tenen enveja que no se'ls hagi ocorregut fer un regal i a tu sí. El sàdic-sarcàstic et tira una bomba tranquil, amb un somriure, perquè t'ha d'humiliar, d'aniquilar amb les paraules.

2. ***El bala directa***

   Són les persones que t'apunten i disparen la bala enmig dels ulls. Diuen: «Què t'ha passat? Estàs feta pols, t'has engreixat molt!» Ja que no poden gaudir del seu cos, es fixen en el dels altres. Són persones que et disparen la bala directa perquè et volen fer sentir malament, culpable, perquè, almenys, no gaudeixis del que tens.

3. ***El trepant queixós, la metralladora***

   Són les persones que et deixen anar una paraula negativa darrere d'una altra. Si els dius que has trobat feina, et responen que, amb la crisi mundial que hi ha, et durarà poc. Si els expliques que tens marit, et diuen que segur que és un misogin. Quan anuncies que tens parella, t'auguren que sens dubte et serà infidel. Si expliques que tens un bon metge, et responen que a la llarga et visitarà malament. Són persones que en deixen anar una darrere de l'altra. Es tracta de gent queixosa, a la qual no hi ha res que els vagi bé. Què els passa a aquesta gent? Tenen ira reprimida, per això no aconsegueixen res.

4. ***El monòton dolç assassí***
És el que t'esquartera a poc a poc: «Mira, et vull dir una cosa que m'ha molestat molt.» Et va esquarterant, et parla lentament. Tu li demanes: «Va, ràpid, que a les vuit comença la festa.» I et diu: «M'estic vestint.» I ho fa a poc a poc perquè arribis tard.

5. ***El xafarder***
Viu ficant el nas en la vida de tothom. Has de vigilar la gent que sempre es fica en la teva vida per ajudar. Com més parla una persona dels altres, més vol parlar de si mateixa. Com menys vol parlar de si mateixa una persona, més amaga.
El xafarder amaga coses i no vol parlar d'ell mateix, sempre es fica en la vida dels altres. Com més es fica una persona en la vida dels altres, menys coses aconseguirà.

6. ***El «jo no»***
Quan una persona et diu «jo no», és perquè vol dir «jo sí». Per exemple, «jo no em vull ficar en la teva vida, però et diré una cosa...». Si s'hi vol ficar, per què ho nega? O «jo no tinc res en contra teu, només ho vull aclarir». És a dir, estic en contra teu. «No ho dic per criticar-te, això de la roba.» O sigui, que t'ho diu per criticar-te. «Espero que no t'ofenguis pel que et diré.» És a dir, li agradaria que t'ofenguessis. «Espero que no et moles-

El que fa mal i tem que se sàpiga posseeix encara una llavor de bondat dintre de la seva maldat; però el que fa un bé i està ansiós que tothom se n'assabenti, encara té una arrel de maldat en la seva bondat.

Proverbi xinès

ti el que penso.» O sigui, vol que et molesti. «En la meva humil opinió» vol dir «la meva experiència és molt gran i ningú la supera». Quan una persona et nega una cosa és perquè ho està afirmant. És algú que té ira reprimida.

7. *El «jo-jo»*
«El meu gos és més gran que el teu. » És l'egòlatra, el narcisista. Tot ha d'estar, centrar-se i girar al voltant d'aquesta persona. És el seductor. «Hola, estimada, hola, guapa, com estàs? Preciosa, amor meu.» Què són els seductors? Tret que l'home agradi a la dona i la dona a l'home, el seductor té una agenda secreta i necessita seduir per utilitzar l'altre, treure-li el que necessita i descartar-lo. Per això s'ha de vigilar amb ells, perquè són mentiders, són aquestes persones que diuen: «T'ho dic sincerament, t'estic parlant de tot cor i t'ho juro pels meus fills.» T'estan enganyant.

8. *El silenciador*
És la persona que no està ni amb tu ni contra tu. T'està observant i espera que et passi alguna cosa dolenta i, quan et passi, et dirà: «Veus?, ja t'ho vaig dir.» No et diu res quan estàs bé, però està esperant que et passi alguna cosa negativa. Hi ha gent pendent de tu, que no està ni a favor ni en contra teu, però està esperant que et passi alguna cosa dolenta. Per això les crisis són bones, perquè sàpigues qui està amb tu i qui no està amb tu. Perquè les crisis són la mà que et permet separar la gent que t'acompanyarà en moments difícils de la gent agressiva que estava amb tu, ni en contra ni a favor, però t'estava mirant i es-

perant per després dir-te alguna cosa perquè et té mania.

3. Tècniques i estratègies senzilles per deixar enrere l'enveja

He de confiar en mi mateix,
tinc la capacitat de sortir-me de qualsevol situació.

- ***Tindré fe en mi mateix***
  Has d'aprendre a confiar en tu, perquè tens la capacitat per resoldre qualsevol problema i arribar a complir els teus somnis. Quan una persona confia en si mateixa, s'estima i es respecta. Això no és egoisme, no és narcisisme, no és pedanteria. És respectar-nos, és saber que som valuosos.

- ***He d'aprendre a no ficar-me en la vida de ningú, a deixar de mirar els altres!***
  Has d'aprendre a mirar-te a tu. No jutgis a ningú, no et fiquis en la vida de ningú, perquè mentre segueixis donant la culpa al teu marit, al creditor, als teus fills, no veuràs les solucions. Per això els que es queixen sempre no resolen res, perquè sempre estan mirant i parlant dels altres, en lloc de mirar-se a si mateixos.

- ***Descobriré i explotaré la meva singularitat***
  Ningú no pot competir amb la teva singularitat. Tu no has de ser diferent dels altres, sinó que has de ser únic, perquè has de ser qui ets tu. Ni millor ni pitjor que els teus pares, diferent. Quan una persona vol ser

diferent d'una altra persona, s'està comparant, però quan una persona diu: «No vull ser diferent, no vull ser diferent, vull ser qui sóc», aquesta és la seva singularitat.

- ***No parlaré malament de la meva competència***
  No estiguis pendent del que fa l'altre, descobreix la teva singularitat, el que t'és propi, el que t'és característic, el que et fa únic. Explota-ho i desenvolupa-ho, perquè això serà el que atraurà la gent.

- ***Expandiré el meu arsenal de recursos***
  Has d'ampliar els teus propis recursos. La vida et posarà en situacions diferents perquè puguis actuar de maneres noves.

- ***Dissenyaré la meva pròpia estratègia***
  Necessites tota l'energia per planificar el dia, l'hora, els detalls, les formes exactes de com assolir el teu somni. I has de visualitzar amb exactitud com ho faràs.

De què et serveix tenir un somni si no saps com arribar-hi?

Ara et donarem uns quants consells pràctics per tenir en compte:

- Mai no competeixis amb ningú, només amb tu mateix. No has de millorar el que va aconseguir un altre, sinó superar els teus èxits. No has de guanyar el sou que guanya un altre, sinó més del que guanyes ara. No has de tenir el cos de la model de torn, només aprima't.

- No et comparis amb ningú ni permetis que altres ho facin. No competeixis. Supera't a tu mateix. Si en vas aconseguir tres, ara aconsegueix-ne quatre; si en vas aconseguir set, intenta d'aconseguir-ne nou; si en vas aconseguir vint, intenta arribar a vint-i-cinc... Supera't a tu mateix.
- Quan un té enveja, inverteix l'energia en el que l'altre té. «Com és que ha trobat xicot? No està casat ni és rar? I és solter? Com es que jo no el vaig veure?» Amb actituds com aquestes, estàs posant l'energia en l'altre, en lloc de buscar tu també aquestes oportunitats.
- L'envejós s'obceca en algú, ja sigui des de l'enveja o la crítica. La persona que t'odia t'enveja. Per això critica i diposita tota la seva energia en l'odi en lloc de construir la seva pròpia vida. No miris a ningú ni et distreguis, creix tot el que puguis.
- És millor admirar que envejar. La paraula «envejar» ve del llatí i vol dir «jo veig». «Admirar» ve del llatí i vol dir «jo miro». Les dues paraules estan relacionades amb la vista, però la diferència és que l'enveja provoca ràbia i l'admiració motiva.
- Aprèn dels que ja han aconseguit el que tu desitges. Admira sense temor, reconeix i felicita els qui ja hi han arribat, perquè, si ells ho han aconseguit, significa que tu també pots fer-ho. Busca els consells de la gent sàvia i la saviesa vindrà a tu.

7

LES PORS TÒXIQUES

Fins el més valent té por.

Tots hem experimentat por i és normal. És un bon senyal, positiu, de protecció. No obstant això, quan aquest sentiment es dirigeix a un objecte i no hi ha cap fonament perquè ens produeixi por, llavors es transforma en irracional, persistent, t'immobilitza. En aquest moment la por comença a ser tòxica i cal controlar-la, perquè **la por que no se supera pot durar tota la vida**.

El doctor Noberto Levy, metge i psicoterapeuta, defineix la por així: «L'angoixa que sentim davant la percepció d'una amenaça, tenint en compte que una amenaça es converteix en amenaça quan no disposem dels recursos necessaris per resoldre el problema. Per exemple: conduir a 300 quilòmetres per hora pot resultar terrorífic per a la majoria de nosaltres, però no ho és per a un corredor de Fórmula 1.»*

* Citació de Margarita Rojas: *Cuidar al que cuida*, Santillana, 2006, p. 163.

1. LES QUATRE FASES DE LA POR

Com ens atrapa la por tòxica? Quin és el seu procés de fascinació?

La por funciona com un cercle, dóna voltes a ella mateixa. Diem que es tracta d'un cercle perquè la por s'alimenta de la mateixa por.

Conèixer el cercle de la por ens proporcionarà els recursos necessaris per afrontar-la de la manera correcta i poder així ajudar els qui el pateixen.

Per exemple, un pare que crida el seu fill perquè té por d'un gos, o por de quedar-se a casa d'un company de classe, o de realitzar alguna activitat que impliqui un desafiament, incrementarà encara més la inseguretat que aquest nen sent dintre seu. Per cert, aquest pare hauria de saber com funciona el cercle de la por.

> **Deixem de témer allò que comencem a conèixer.**
>
> **Madame Curie**

Quan érem petits els nostres pares ens deien: «vigila»; a ningú no li deien: «arrisca't».

A mesura que descobrim l'origen de les nostres pors i hi treballem, estarem a punt per superar-les.

Les fases en les quals la por es retroalimenta són les quatre següents:

Primera fase: Imaginació exagerada

Davant d'una determinada situació, el circuit de la por s'activa a través d'una gran imaginació, una imaginació exagerada.

Tot comença quan deixem anar la nostra ment.

Comencem a recórrer les fases de la por quan ens imaginem el pitjor. Alguns ho anomenen «la síndrome del judici final», que es produeix quan davant de qualsevol situació pensem que ens passarà el pitjor, que passarà una cosa catastròfica!

Per exemple, per a una persona que mai no ha parlat en públic, el sol fet de pensar que ho ha de fer provocarà que en la seva ment s'activin centenars de frases i veus que faran d'aquest moment una situació traumàtica. En la seva imaginació, es dirà moltes coses a si mateixa: «Es riuran de mi», «Em quedaré sense veu», «I què passa si m'oblido del que he de dir?», «I si no em surt res?», «I si la gent s'avorreix?»...

Això és el que ens causa la por, ens paralitza. Podem estar davant de quatre gotes i pensar que s'acosta un tornado.

Quan, davant d'una situació, ens imaginem exageradament el pitjor, haurem entrat en el circuit de la por.

Segona fase: Por pròpiament dita

La imaginació exagerada activa la por i, en aquest punt, la por es dispara i comença a créixer. És a dir, al començament diem: «Si parlo en públic, oblidaré el que he de dir, quina vergonya!»

Aquests pensaments et causen por i aquesta por comença a retroalimentar-se novament.

I llavors, ja no tan sols penses «quina vergonya!», sinó també: «es riuran de mi, se'n burlaran, faré el ridícul! Tothom es riurà de mi i ningú no m'escoltarà!».

A aquestes altures, la por començarà a activar més intensament la percepció negativa de la realitat i començarà a distorsionar-la.

El teu cos també sentirà por, farà que et tornis maldestre, que la teva veu es torni de flauta, que els nervis s'activin, que et suïn el front i les mans, i el cor se t'acceleri. I tots aquests símptomes que comences a sentir, totes aquestes respostes corporals, faran que, efectivament, es compleixi el que des d'un principi vas pensar que succeiria.

Tendim a no córrer riscos
perquè tenim por del que no coneixem,
però, en realitat, la por del que no coneixem
és por de perdre el que coneixem.

Tercera fase: La por et paralitza o t'accelera

Com ens paralitza? Una persona que tem parlar en públic, quan s'enfronti a aquesta situació, començarà a imaginar el pitjor, li sobrevindrà una por tan forta que creixerà fins a tal punt que bloquejarà el seu cos. Llavors, en el moment en què hagi de fer la xerrada, el més probable és que es quedi sense veu. ***La por et paralitza.***

Com ens accelera? La por fa que et moguis en la direcció oposada a la que et convé anar. T'ho explicaré amb l'exemple del lleó i la seva presa. ***Per què rugeix el lleó?*** El lleó rugeix per generar dues reaccions en la víctima: la paralitza perquè després se la pugui menjar o la fa fugir en la direcció oposada, cap on hi haurà les lleones esperant per menjar-se-la.

La por sempre et fa fugir
cap al lloc equivocat.

Això ens recorda que, quan tenim por, fem beneiteries. Si no, continua llegint aquests exemples.

Si tens por de la nit, què fas? Et tapes amb el llençol com si el llençol fos blindat!

Quantes vegades has mirat sota del llit? Per què? Si hi hagués algú sota del llit, què faries? No ho saps, però, de totes maneres, ho comproves.

Quantes vegades has anat a l'armari per veure si hi havia algú amagat? No t'hi cap la roba, però penses que pot haver-hi una persona a dins.

Són coses ridícules, oi? No obstant això, en aquests moments, la por ens controla...

Quarta fase: El meu primer record

Una gran imaginació ens indueix por, la por ens paralitza o ens accelera, i aquesta emoció queda gravada en la nostra ment formant el que anomenem «el meu primer record».

Quan t'enfrontis a una situació similar, el primer record que tindràs serà de fre o d'acceleració. D'aquí ve la dita: «Qui ha estat mossegat per una colobra, de l'ombra s'escapa.»

Si la teva por es va originar en tancar un mal negoci, davant una nova oportunitat s'activarà el teu primer record i el teu pensament serà: «Sí, però a mi em van enganyar. A mi em va anar malament. S'ha de vigilar. Mmm, no ho sé. Aquesta vegada no m'enganxaran.»

Si et va anar malament amb una parella, probablement aquesta mala experiència serà el primer record que se t'acudirà quan vulguis acostar-te a algú del sexe oposat.

Aquestes pors l'únic que aconsegueixen és que perdis de vista tot el que és nou, la millor gent, el millor negoci i les millors oportunitats que encara han de venir.

La por ofusca la nostra ment i el nostre enteniment, per això hem d'atacar-la per tots els flancs.

La por de perdre el que tenim
es presenta perquè alimentem
la il·lusió que «tenim el que tenim».

Tu tens el poder de frenar el cercle perjudicial de la por. Usa la teva imaginació de manera positiva, per visualitzar aquelles coses que vols aconseguir en la vida. Converteix-la en un aliat, i no en un enemic que et converteixi en esclau de la por. No alimentis les teves pors amb pensaments que et paralitzin. Alimenta't de pensaments sans, positius, d'esperança, d'alegria. Desfes-te de tot record dolent del passat i decideix viure en el present de tal manera que siguis capaç de crear bons records per al futur.

Tal com pensis, seràs, i acabaràs actuant d'aquesta manera. I recorda que ens convertim en allò en què pensem la major part del temps. Som el que pensem que som! Tria pensar com una persona lliure de tot temor.

2. JO TINC POR DE....

Segurament, de petits tots hem tingut por d'alguna cosa o d'algú en especial. Amb el pas dels anys, alguns temors han desaparegut i altres no, o, encara pitjor, han crescut. Per això és hora de reconèixer les nostres pors, afrontar-les, deixar-les enrere i guarir la nostra estima.

De què o de qui tens por o n'has tingut?

- D'un familiar
- De la pèrdua d'un ésser que estimis

- Que t'ataquin mentre ets a casa teva
- De viatjar en avió
- De perdre la feina
- Que la teva parella et deixi
- Que no t'estimin
- De la mort
- De patir
- De la vellesa
- Del fracàs

La llista pot ser interminable i depèn de les pors que tingui cadascú de nosaltres.

El tema és que, quan ens obsessionem amb alguna cosa que pot arribar a passar i que encara no ha succeït, perdem de vista tots els somnis que tenim al davant.

Tenim tanta por que entrin lladres a casa, que no podem gaudir de sortir de casa per anar al cine, a una festa, etcètera.

Tenim tanta por de ser abandonats emocionalment, que no podem mantenir una relació de parella. I el tema és que necessitem aprendre a ser feliços encara que no tinguem tot el que pensem que necessitem.

Quan naixem, naixem amb les mans tancades,
perquè no portem res
i, quan ens morim, ho fem amb les mans obertes,
perquè no ens emportem res.

3. De la por al trauma

Tots hem experimentat, en algun moment de les nostres vides, por fins al punt de sentir-nos morir. Tots creixem amb por i hem d'entendre que hi ha pors que són normals.

> **La por de perdre-les, en realitat, fa que siguem més infelices que altres persones que saben viure sense aquestes coses, per la qual cosa podem dir que seria millor que no les tinguéssim.**
>
> **Víctor Rubén Fernández**

Moltes d'aquestes pors potser les hem adquirit en la nostra infància i encara avui, sent adults, ens hi continuem aferrant, com la por de quedar-nos sense diners, de la mort, de la malaltia, de la bogeria...

Però hi ha altres pors tòxiques davant de les quals solem reaccionar amb algunes d'aquestes conductes:

1. **Recordar amb tots els detalls**
Són les pors dels que diuen: «Me'n recordo de quan el meu avi em pegava perquè jo trencava a la meva àvia totes les plantes del pati i... i ell em deia... i jo li contestava...»

2. **Esborrar o bloquejar el moment traumàtic**
Això significa fer un intent per eliminar completament els sentiments. Hi ha persones que aïllen el sentiment del record: «I van baixar tres homes, em van apuntar amb l'arma, em van violar, després vaig fer la denúncia en la comissaria.» Observem amb sorpresa que ho expliquen sense sentiments. A tu et pot impactar, però el que t'ho explica, ho fa fredament, perquè aquesta persona ferida utilitza un mecanisme psicològic que s'anomena «dissociació», pel qual la persona exterioritza l'emoció, però al mateix temps la reprimeix.
El terapeuta Walter Riso afirma que la ment és egocèntrica i busca sobreviure a qualsevol preu, fins i tot si s'ha de mantenir en la més absurda irracionalitat.

3. **Elaborar imatges repetitives**
   La persona torna a veure i a sentir l'experiència traumàtica. Alguns en diuen *flashback*. Hi ha persones a les quals, de sobte, caminant, els vénen escenes de la violació, del segrest, del robatori, de l'abandonament o de la humiliació.
   A la persona li sobrevé de cop la imatge o l'escena i experimenta aquest dolor traumàtic novament. La persona viu amb pors extremes, por que es repeteixi aquella situació, i llavors pot associar qualsevol cosa a l'experiència traumàtica. Un dolor, una persona, un lloc, una hora, una data... immediatament disparen per associació aquesta experiència traumàtica del passat.

4. **Experimentar sentiments d'hipervigilància**
   Per exemple, després que et robin, no et passa que camines mirant a tothom? Comences a desenvolupar una hipervigilància, i això s'observa en aquelles persones a les quals, quan se'ls parla, miren als costats contínuament, perquè el fet viscut els fa romandre en un estat de paranoia i de persecució permanent.

5. **Predir un futur fosc**
   Hi ha persones que ho veuen tot amb vulnerabilitat: «Si m'ha passat això, què més em passarà?» I quan aquest pensament està instal·lat, la persona sentirà que les seves defenses han caigut i patirà un estat d'indefensió, de baixa estima i de soledat molt gran, i seran els records els que governaran la seva ment. El futur és pessimista, perquè es pot «tornar a repetir».

Totes aquestes situacions ens generen grans dosis d'emocions tòxiques: pors, culpes, inseguretats, que moltes vegades preferim amagar, en lloc d'afrontar-les i revertir-les. El lama Nydahl afirma que una ment sense autoengany és més lúcida i penetrant, i permet veure les coses com són.

4. LES FÒBIES

Tal com hem vist fins ara, la por és una experiència normal que pot ser deguda a un perill real. No obstant això, si es tracta d'un temor a una cosa inexistent o imaginària, comença a ser negativa, i si agafa encara més intensitat i altera les teves conductes, la por tòxica acaba transformant-se en fòbia. La por es diferencia de la fòbia en la intensitat amb la qual la persona viu i experimenta aquestes emocions. La fòbia és una por persistent i excessiva, una por exagerada, i els qui la pateixen eviten o fugen de situacions concretes.

Fòbia a què o a qui?

Es pot témer tot: la gent, els avions, la foscor, els animals, haver de travessar per diferents situacions... Vegemne algunes.

- Ablutofòbia = por de banyar-se
- Aeronausifòbia = por de vomitar
- Alliumfòbia = por de l'all
- Aurorafòbia = por de les aurores boreals
- Caliginefòbia = por de les dones guapes
- Chaetofòbia = por dels cabells

- Dendrofòbia = por dels arbres
- Eisoptropofòbia = por dels miralls
- Eriosiofòbia = por de cometre un pecat imperdonable
- Ergofòbia = por de la feina
- Homilofòbia = por dels sermons
- Insectofòbia = por dels insectes
- Latrofòbia = por dels metges
- Meteorofòbia = por dels meteorits
- Metrofòbia = por de les poesies
- Monofòbia = por de la soledat
- Musofòbia = por dels ratolins
- Mirmecofòbia = por de les formigues
- Nomatofòbia = por dels homes
- Peladofòbia = por de la gent calba
- Siderofòbia = por de les estrelles

Ara bé, tots podem ser fòbics?

El que tem patir pateix de temor.

Proverbi xinès

En la majoria dels casos, la fòbia és una resposta, un toc d'atenció que la persona té davant d'emocions no guarides, emocions no resoltes que arrossega des de molt temps enrere. Analitzem alguns dels trets predominants de les persones que pateixen fòbia:

- Són molt autoexigents
- Tenen un alt nivell d'estrès
- Són excessivament responsables
- Tenen una gran capacitat de lideratge
- Estan sempre ansioses

- Són hiperactives
- Han tingut pares sobreprotectors
- Han rebut el missatge que el món és perillós

Les fòbies generen, a més, un gran desig d'evitar el que es tem. La persona que les pateix intentarà, per tots els mitjans, d'amagar les seves emocions, de justificar la seva conducta i, encara més, tractarà de modificar tot el seu ambient físic i social per tal d'adaptar-se millor al món al qual ha de fer front.

Si, per exemple, la persona sent fòbia d'estar en un espai desconegut, intentarà que tots els esdeveniments, reunions o sortides es facin a casa seva, de manera que no s'exposi al mitjà hostil del qual té fòbia.

Els qui en pateixen s'adonen que la seva por és exagerada, però no poden fer res per evitar sentir el que senten, ja que enfrontar-se a la seva por els produeix un gran patiment psicològic, sumat a símptomes com poden ser:

- sequedat de boca
- palpitacions
- acceleració del pols
- marejos
- transpiració
- fatiga
- tremolors incontrolables

Moltes vegades, les situacions doloroses i traumàtiques ens fan claudicar i abandonar, sense lluitar. La qüestió és decidir aixecar-se i abandonar el dolor d'aquesta circumstància.

No ens agrada córrer riscos, perquè coneixem gent que va córrer riscos i li va anar malament.

El desafiament consisteix a enfrontar-se a les pors, assumir-les i determinar si ens ensorraran o ens enfortiran per fer-los front. Aconseguir avançar i curar-te malgrat el que hagis viscut dependrà de la teva decisió. La decisió té poder! Comença per decidir que no permetràs que cap fòbia, per més arrelada que estigui, t'impedeixi viure amb tot el teu potencial. Descobreix l'arrel d'aquesta fòbia en la teva vida, encara que fer-ho et faci mal. Arriba al fons de les teves emocions. Coneix-les. Si no pots fer-ho sol, demana ajuda. Però no et donis per vençut, ni et resignis a romandre dominat per pors exagerades. És possible ser lliure, i la llibertat sempre comença per una decisió.

5. TÈCNIQUES I ESTRATÈGIES SENZILLES PER TRENCAR EL CERCLE DE LA POR IRRACIONAL

A ningú no li agrada tenir por, però perquè la teva por no creixi més que tu, cal que:

- **Aprenguem a eliminar les pors tòxiques i a reemplaçar-les per emocions vertaderes**
  La llei de la concentració diu que «com més pensis en una cosa, més es farà part de la teva realitat». Per això, en lloc de dir «he de deixar de pensar en aquesta idea», directament substitueix-la per una altra de positiva. En lloc de pensar que no amagaràs les teves pors, pots dir: «Expressaré els meus temors correctament.»

No podem modificar les conductes dels altres, però sí tenir domini sobre les nostres conductes i la nostra ment.

- **Confiem en nosaltres mateixos**
  Hi ha una faula que explica que hi havia un ratolí que estava sempre angoixat perquè tenia por del gat. Un mag es va compadir d'ell i el va convertir en un gat. Però llavors va començar a sentir por del gos. Després, convertit en gos pel mag, va començar a sentir por de la pantera, i el mag el va convertir en pantera, amb la qual cosa va començar a témer el caçador. Arribat a aquest punt, el mag es va donar per vençut i va tornar a convertir-lo en un ratolí, tot dient-li: «Res del que faci per tu t'ajudarà, perquè sempre tindràs el cor d'un ratolí.»
  Un psicòleg de la Universitat de Stanford, Albert Bandura, va crear el concepte de l'*autoeficàcia* i va explicar que neix d'«avaluar les capacitats d'un mateix i les seves circumstàncies». En tenir en compte els teus punts forts i la situació en la qual et mous, el teu sentit d'autoconfiança creixerà i això afectarà de manera proporcional la teva conducta i la teva forma d'afrontar les pors i les inseguretats.

Si incorporem aquestes actituds i les desenvolupem conscientment, podrem enfrontar-nos a tots i cada un dels nostres temors, reals o imaginaris.

- **Reconeguem que tenim por. No tinguem por a la por**
  Tenir por significa que estàs avançant, perquè la por és el company dels conquistadors. La por indica que

estàs fent una cosa nova, que estàs sortint de la teva comoditat i estàs acceptant un desafiament nou per a la teva vida. Cada desafiament ens permetrà fer un pas més gran que el que ja hem donat, ens introduirà en aquells llocs que mai no hem trepitjat, ens farà parlar i fer el que mai no hem fet. Avançar no significa no tenir por, sinó anar cap al que és nou malgrat els temors que puguem sentir i saber que amb o sense por seguirem endavant. I, per vèncer la por, el primer pas és aprendre a reconèixer-la, expressar-la en paraules i parlar de tot allò que ens desperta temor. Només reconeixent les pors que tenim podrem superar-les.

Coneix-te, accepta't, supera't.

Sant Tomàs d'Aquino

- **Aprenguem a mirar la por als ulls**

Hi ha una tribu d'indígenes, en la qual als nens se'ls ensenya des de petits a fer front a la por, i els ho ensenyen de la manera següent: els asseuen i els fan imaginar. Els fan tancar els ulls. Els fan imaginar un escurçó de vint metres que té dos caps i s'aixeca davant d'ells. Els expliquen el relat com si estiguessin en aquesta situació. Els fan imaginar que, cada vegada que es tiren enrere, els caps dels escurçons creixen. L'escurçó creix. Cada vegada que tu vols sortir corrent, l'escurçó et persegueix i creix, creix, creix. Però si el mires als ulls, el mires fixament, com més el mires, l'escurçó més petit es fa, s'encongeix mentre tu el continues mirant. És un joc, però els ensenyen que, quan t'enfrontes a la teva por, quan mires la teva por a la cara, comença a encongir-se fins que es converteix en una formiga i, llavors, la pots matar. Mirem les nostres pors de cara, no les tapem. Si en fuges, t'acompanyaran tota la vida. Enfronta-t'hi i, quan ho facis, t'adonaràs que aquest gegant no era tan gran, ni tan poderós com t'imaginaves.

- **Generem pensaments d'acció**

Es tracta de concentrar-te en les possibles respostes a la pregunta: «Què pots fer»? En primer lloc, fes una llista de les teves pors i, després, afegeixi una acció possible de la teva part. Per exemple: «Si faig aquest negoci, què seria el pitjor que podria passar?» I llavors registra les respostes. «El pitjor seria que em quedés sense diners, el pitjor seria que em traguessin de casa, etcètera.»

Del que es tracta és de fer un inventari de tot el pitjor que et podria passar i, paral·lelament, generar pensaments de provisió. «Si em quedés sense diners, què podria fer per tornar a generar-ne?» Abans d'encarar un nou desafiament que et causa temor, pensa en com resoldries les possibles pors que et sorgiran. Això és el que anomenem ***pensaments d'acció***, ***pensaments de previsió***. És a dir, si em succeeix el que estic pensant que pot passar, puc fer això. Si em passa això altre, puc posar en marxa aquest altre possible pla d'acció. Llavors, en lloc de deixar que el temor dispari la nostra imaginació, començarem a elaborar ***pensaments de solució***.

- **Afirmem la nostra estima, hem de creure en nosaltres mateixos**

Darrere de tota gran por, hi ha un gran temor. ***És el temor a l'abandonament.*** En totes les pors que hem ano-

> Quan et sentis aclaparat, escolta la teva por, pregunta't què necessites per vèncer-la i aconsegueix-ho. D'aquesta manera aniràs generant recursos contra les amenaces i faràs callar les pors.
>
> Margarita Rojas*

menat, en el fons hi ha un temor a ser abandonats. Recorda en quines situacions de la teva infància vas tenir per primera vegada aquest temor i perdona les persones que et van fer sentir d'aquesta manera. L'amor és el bé més preat que busquem tots i el primer que pot donar-te'l ets tu mateix. Per amor a tu, abandona aquest record trist. De la mateixa manera que tenim pors, podem també deixar de tenir-les. Donem-nos temps i tractem-nos bé, sense pressionar-nos, sense pretendre ser *valents en un dia*.

- **I, finalment, decidim compartir la nostra vida**
  L'egoisme alimenta les pors i les fòbies. Algunes persones viuen refugiades en la seva por, pensant només en elles mateixes i en els seus propis temors, i si no són capaces d'aprendre a treure res de dins seu i compartir-ho amb els altres, els símptomes encara creixen més.

Sense voler córrer, hem de donar-nos temps. Tenim tres opcions. Podem fugir i intentar evitar la situació que ens genera temor, simular que en realitat tenim un altre problema, o afrontar-la i superar-la.

* Ibídem, p. 163.

L'altra cara de la por és la motivació. Però no esperis que et motivin des de fora, motiva't interiorment i, si estàs travessant una situació difícil, anima't! Estableix noves metes. Un home i una dona que tenen somnis i projectes no perden el seu temps pensant en les pors.

La por el que fa és transmetre'ns un missatge intern: **«Estàs sortint de la teva zona de seguretat.»** Fins ara el que has fet t'ha mantingut sa i estalvi, no has arriscat res, però tampoc no has aconseguit res, perquè, per aconseguir alguna cosa en la vida, t'has d'arriscar. La vida és bonica i emocionant, però t'has d'animar a córrer riscos, encara que t'espanti.

Si tens pors, l'autoritat necessària per dominar-los i conquistar-los es troba dins teu, ets tu qui posseeix el control de la teva vida.

***Corre cap al rugit, cap a aquesta por,
enfronta-t'hi i tindràs la batalla guanyada.***

8

LA VERGONYA TÒXICA

> L'home mai no ha d'avergonyir-se de reconèixer que s'ha equivocat, ja que fer-ho equival a dir que avui sap més del que sabia ahir.
>
> ALEXANDER POPE

Si establíssim un rànquing de les emocions tòxiques, la vergonya ocuparia els primers llocs. És increïble el mal que causa i tot el que ens perdem a causa de la vergonya, i la manera com ens limita i ens turmenta.

Són incomptables les persones que, tot i tenir un gran potencial, no el treuen a la llum perquè «els fa vergonya» o tenen por de fer el ridícul. Naturalment no farem aquest rànquing, ja que a cada un de nosaltres ens intoxiquen diferents emocions.

Tots hem viscut moments tristos en les nostres vides per haver estat víctimes de burles. En algun moment, al llarg de la nostra existència, hem sentit vergonya o hem viscut alguna situació en la qual ens han avergonyit. Segurament, ara mateix estàs recordant algun moment d'aquests. Però, tranquil, tots hem passat o passarem per algunes d'aquestes situacions.

Quan una persona és objecte de burla, comença a sentir vergonya tòxica, ja que pensa que és inferior als altres i que hi ha alguna cosa dolenta en ella mateixa. Així neix aquesta emoció tòxica.

En fer una cosa dolenta, ens sentim culpables, però **la persona que és avergonyida sent que és dolenta, que té un defecte i que els altres l'abandonaran**.

Què passaria si t'equivoquessis en fer el discurs que has de pronunciar o si suspenguessis aquest examen que has de fer? Què seria el pitjor que podria passar? Equivocar-te? Tan terrible és cometre un error? Per què seria tan terrible? Els altres dirien que no ets una persona perfecta? S'adonarien que ets una persona humana? Arrisca't!

Hi ha situacions, fets o moments en els quals la nostra sensibilitat i la nostra vulnerabilitat són provades al màxim, fins al punt de desencadenar en nosaltres mateixos certes reaccions que no ens fan sentir gaire còmodes, com, per exemple, **no emetre les nostres opinions ni donar-nos a conèixer com realment som**. Moltes de les grans idees de la història, al principi, van ser motiu de burla.

Què succeiria si la teva idea no els semblés tan bona o més aviat ridícula? Ho continuaries intentant? Et passaria el mateix que als grans inventors de la història com Henry Ford o Thomas Edison? Arrisca't!

1. TRAIEU-ME D'AQUÍ, SISPLAU!

Quantes vegades t'has quedat en silenci, sense poder parlar? T'empassaves saliva per no emetre ni una sola paraula i pensaves: «Em voldria fondre!»

Justament, d'això s'encarrega la vergonya, de relegar-nos; actua com un fals mur de contenció davant de les diferents possibilitats que se'ns presenten. És per això pel que una persona vergonyosa perdrà de vista les millors oportunitats d'or que se li presentin.

I, sumat a això, aquesta emoció no tan sols ens limitarà enfront dels millors moments de la nostra vida, sinó que ens paralitzarà i ens impedirà ser tot allò que una vegada ens vam proposar ser. Te n'adones? Quantes coses deixem en mans de la vergonya! Però avui repeteix-te a tu mateix i a aquesta emoció: «Vergonya, prou!»

Molts creuen que la insignificança és garantia de seguretat i prefereixen ser ignorats per no arriscar-se al «què diran».

Després de llegir aquest capítol, espero que puguis dir: «Vergonya tòxica, mai més!» Per això, per desfer-nos-en, primer comencem per conèixer el seu *modus operandi*, és a dir, com s'origina, com actua i com es manifesta.

> **La insignificança és sempre una garantia de seguretat.**
>
> **Isop**

Què és la vergonya tòxica?

La vergonya és la creença dolorosa i errònia que tenim sobre les nostres pròpies deficiències. Aquesta creença sempre és tòxica o negativa, perquè ens paralitza i ens aïlla davant de les nostres metes.

La vergonya no té a veure amb la capacitat, el talent, el potencial i el coeficient intel·lectual, sinó amb el fet de sentir directament que som inadequats, que no som aptes. És pensar que som un defecte de la naturalesa, un error, i que, atesa aquesta incapacitat que ens identifica, el nostre entorn ens abandonarà.

A cap de nosaltres no ens agrada «passar vergonya». Preferim que ningú s'adoni del que realment ens succeeix. En un joc de paraules podem dir que **ens avergonyeix tenir vergonya.**

El burro havia nascut bo, alegre, submís, ple de bona voluntat. Era lleig, és cert, però reia de tan bona gana que, malgrat la seva veu horrible, el seu bram semblava un cant. Es burlaven d'ell i de la seva fatxa: ell movia les orelles i reia de bona fe.

Però, perquè era bo, van començar a abusar d'ell. Era fort, per ser tan petit, i el van carregar massa; era sobri, gairebé no li van donar menjar; era resistent, el van fer treballar més del que era possible. I quan ja no donava més, van començar a maltractar-lo.

Va començar a tenir mal geni; les seves orelles ja no es movien alegres, sinó que les tirava enrere, enfadat, ensenyant les dents i donant guitzes.

*I l'amo, desconfiat, malgrat tenir a la mà el pal amenaçador, deia: «Que dolent que és el burro!»**

Potser, durant bona part de la teva vida, has viscut al costat de persones que utilitzaven la vergonya com a mèto-

* Godofredo Daireaux: «El burro», faula extreta de *http://www.bibliotecasvirtuales.com/biblioteca/literaturaargentina/Daireaux/Fabulasargentinas/elburro.asp.*

de de disciplina. Pares o avis que pensaven que, corregint-te o exhortant-te en públic, aprendries més ràpid la lliçó.

Caps severs que necessitaven mostrar el seu poder o el seu càrrec desqualificant el teu treball davant d'altres.

Parelles que, sense importar qui estigui al davant, tracten per tots els mitjans de donar a conèixer els teus errors i les teves carències, pensant que com més petit et facis, més permís tenen ells per créixer i demostrar que són superiors a tu.

Paraules, insults, menyspreus, desprestigis, crítiques la finalitat de les quals és desqualificar-te i fer malbé la teva estima.

Per això, si la teva autoestima no està sana, si encara no saps que en el teu interior albergues tot el potencial i el domini de tu mateix per sobreposar-te a qualsevol error o fracàs, cauràs pres de la vergonya. I, segurament, abandonaràs tot el que havies emprès per **por a ser ridiculitzat** i deixaràs enrere tot allò amb el qual alguna vegada vas somiar.

La síndrome de l'amabilitat crònica és la necessitat de fer les coses per rebre aprovació. Aquesta mena de persones són insegures i tot ho fan per rebre l'aprovació externa.

Avui més que mai, en un temps en què la competitivitat creix a la velocitat de la llum, necessitem entendre que **el que avergonyeix ho fa per inseguretat**. Exagera i es burla dels errors dels altres com volent dir: «Això t'ha passat a tu, no a mi, jo sóc millor que tu».

Com més competitivitat hi hagi, la persona insegura de si mateixa més intentarà desqualificar el qui li pugui fer la competència, el qui consideri el seu rival. Es burlarà de com parles, de com vesteixes, de com penses, i intentarà ferir la teva autoestima, fer-te obsessionar amb l'opinió dels altres, amb l'únic fi que la teva autoestima quedi destruïda, desfeta. El seu objectiu és fer-te sentir que no serveixes i que vius lligat al que els altres pensen de tu. **Però cal que donis la volta a la seva estratègia i descobreixis que, si tu ets el seu blanc d'atac, és perquè ets la seva competència i, si ets la seva competència, és perquè ets apte per guanyar el premi. Si de veritat no servissis o no estiguessis qualificat, no s'hauria fixat en tu.**

Només una autoestima sana pot resistir l'error i la vergonya. Si t'has equivocat, és igual! Errar és humà. I que bé que siguis un ésser humà capaç de revertir qualsevol error!

Si pots recuperar-te i superar la vergonya, estàs preparat per passar totes les proves que tens al davant.

2. EM FA VERGONYA... NO SÉ QUÈ FER

T'has preguntat alguna vegada quines són les coses que et fan vergonya o els moments en què sents vergonya?

Potser recordar aquests moments et costa o et fa mal. Sembla que, si els revivim, la sensació que aquesta situació ens va generar una vegada tornarà a sorgir i ens avergonyirem com en aquella ocasió.

No obstant això, per contrarestar aquesta emoció i guarir-nos, primer necessitem conèixer-la. Per a això, et proposo que responguis sincerament aquesta sèrie de preguntes:

	SÍ	NO
1. Et preocupa sempre com et veus davant dels altres?		
2. És realment important què pensin els altres sobre tu?		
3. Et costa contestar quan algú et critica?		
4. Constantment notes les teves faltes i els teus defectes?		
5. T'és difícil creure que algú pot parlar bé de tu?		
6. Et preocupes per endavant pel que pots arribar a fer malament?		
7. Consideres que no ets igual de capaç que els que t'envolten o coneixes?		
8. T'avergonyeixes de com es comporta gent pròxima a tu?		
9. Et fa vergonya el fet d'estar amb algú que actuï com un beneit o faci el ridícul?		

Molts SÍ? No et preocupis. Recorda que la vergonya no és res més que una creença equivocada. Podem treure-la de les nostres vides quan estiguem disposats a enfrontar-nos-hi.

Necessitem comprendre que la nostra autoestima i la nostra identitat no han de basar-se en el que la gent diu o opina. La teva autoestima no pot dependre del que els altres diuen o aproven de tu, sinó del que tu estàs decidit a aconseguir.

No importa les vegades que t'hagis equivocat, importen les vegades que et tornis a aixecar. No t'aturis a mirar com fan els altres les coses, crea i dissenya el teu propi somni.

No atorguis valor als necis, la finalitat dels quals és matar els teus somnis, les teves aspiracions, la teva motivació. La crítica constructiva no existeix, és crítica. Les equivocacions, els errors, no es critiquen, es corregeixen.

D. L. Moody va ser l'home més escoltat en el món de la

teologia abans de l'era electrònica. Quan el criticaven, ell deia: «Prefereixo la meva manera de fer-ho que la teva manera de "no" fer-ho.»

El nivell del teu somni serà el nivell del teu esforç, dels amics i dels enemics que tindràs, de les crítiques.

Si per una ira reprimida, un sentiment ferit, una desqualificació rebuda, comences a parlar i a opinar malament de tu mateix, estaràs destruint la teva autoestima. I no tan sols això, sinó que estaràs invalidant tots els projectes que tens al davant.

Si coneixes la teva posició, tindràs la teva possessió.

Quan comencis a parlar bé de tu mateix, quan siguis el primer que s'accepta, que es permet ser feliç, estaràs generant sobre tu mateix una gràcia especial, una presència que atraurà els millors contactes i les millors oportunitats a la teva vida.

Recorda que els iguals s'atrauen: el xafarder s'uneix als xafarders, el mentider als mentiders i la gent amb domini de si mateixa atrau les persones amb autoestima. La persona que és lliure de la gent té fe i confiança en si mateixa.

La persona lliure de la gent sap que els seus gens són els d'un campió i té la força d'aquells que no donen valor a les vegades que hagin ensopegat o hagin estat ridiculitzats; la seva meta és el seu somni, i res, ni tan sols una paraula, pot desviar-la dels seus objectius.

3. Estàs vermell! A mi em suen les mans!

Quantes vegades hem sentit això? Fins i tot pot ser que ho hàgim vist amb els nostres propis ulls o que ho hàgim experimentat nosaltres.

La vergonya és una força, una emoció que es carrega per on vol, per això elegirà el nostre cos per manifestar-se i aconseguir afectar-nos físicament: ens farà enrojolar, ens deixarà muts, amb tartamudeigs, amb atacs de pànic, amb picors, amb marejos. Com sigui, aquesta emoció intentarà complir el seu objectiu.

És en aquests moments, quan sentim que la vergonya ha agafat el control del nostre cos, que volem desaparèixer. És com si no poguéssim controlar-la. I ens desespera encara més que l'altre noti el que, en realitat, volem ocultar.

El fet de ser qualificats o més aviat desqualificats ens espanta, ens tensa; sentim que ens deixa al descobert. Per això aquesta emoció intentarà parlar a través del nostre cos.

No obstant això, en el nostre interior, disposem de les capacitats i les habilitats necessàries per fer-li front.

En primer lloc, comença per rebutjar totes aquelles paraules de burla que en algun moment de la teva vida t'han dit i avui encara ressonen en la teva ment. S'ha comprovat que un suïcida té guardades en el seu cor les paraules d'algú que li va desitjar la mort.

Avui menysprea tota paraula, tot record i tot gest que t'hagi limitat.

No pensis més que la teva mare, el teu pare, els teus caps et van dir que «no podies...». Suprimeix aquestes paraules. Ets qui té el control de la teva pròpia vida. Desafia't i desafia aquesta vergonya.

Comença a pensar i a parlar bé de tu mateix. Quan ho facis, veuràs que la perspectiva des de la qual els altres t'estan mirant també canviarà.

4. M'HAN POSAT UN 1!

Generalment, caminem així per la vida, sentint que ens estan examinant constantment. Davant d'aquesta realitat, ens agradaria fer-nos cada vegada més petits. Transitem per la vida esperant la nota o la qualificació que els altres decideixin posar-nos i no ens valorem com en realitat mereixem.

Segurament, t'hauràs dit alguna vegada: «Per què he nascut? No em surt res bé! Sóc un desastre!» Pensar així de nosaltres mateixos fa que impedim que surti el geni que hi ha en el nostre interior.

La vergonya és una barrera, un mur que no ens permet connectar-nos amb nosaltres mateixos i amb els altres.

Si permetem que la vergonya dirigeixi la nostra vida, serà aquesta emoció la que ens identificarà.

La vergonya és un sentiment incòmode, per això els que estan paralitzats per vergonya la utilitzaran per canviar la seva conducta.*

* Ronald Potter Efron i Patricia Potter Efron: *¡Vergüenza, una vivencia ambivalente que puede ayudarte a crecer!*, Promexa, 1993, p. 41.

Analitzem ara què és el que li passa i què sent una persona a la qual s'ha avergonyit durant gran part de la seva vida.

- **L'avergonyit s'aïlla**
  Automàticament la timidesa l'envaeix i tractarà per tots els mitjans de desaparèixer de l'escena. Preferirà quedar-se sol, abans que fer un petit intent per revertir la situació. Segurament vol canviar, però la seva ment sempre li recordarà el fet traumàtic pel qual va passar. Per tant, intentarà d'aïllar-se abans de sotmetre's a la possibilitat de tornar a ser avergonyit.

- **El vergonyós es converteix en un blanc fàcil per als atacs**
  La persona que pateix aquesta emoció se sent indefensa, la seva autoestima es debilita, la seva energia disminueix i es converteix en una presa fàcil de ser manipulada i estimulada.

- **El vergonyós se sent menys que tots els que l'envolten**
  Els qui senten vergonya, pateixen i es fan mal pensant coses dolentes d'ells mateixos. Mai no se senten prou aptes per estar a l'altura de les circumstàncies.

El fet que puguem reconèixer la nostra vergonya és summament important. És el primer que hem de fer per no tornar a caure-hi. Per això, felicitats, ets valent, ja t'estàs enfrontant al que en algun moment et limitava.

A mesura que reconeguem la nostra vergonya, podrem acceptar-nos més a nosaltres mateixos i, per tant, relegar el fet que ens ha avergonyit al lloc que li correspon.

> La persona que pot escoltar el que la seva vergonya li diu i actuar en conseqüència, en lloc de fugir-ne, se sentirà millor amb ella mateixa. La persona que es fa amiga de la seva vergonya a poc a poc es respectarà més.
>
> Alexander Pope

És possible que la persona que t'ha avergonyit no pugui reconèixer que necessita modificar la seva actitud. Però la seva actitud en aquests casos no és important. El que sí és imprescindible és que tu estiguis decidit a afrontar-la i a canviar. Decideix-te a buscar noves i sàvies formes de viure millor. Hi ha alguna cosa en el que tu ets el millor. Sempre podem anar molt més lluny del que una vegada vam imaginar. En el teu interior hi ha la confiança i l'audàcia que necessites manifestar. Un eslògan de Stan Smith diu: «El fort es fa més fort i el que té salut es fa més saludable encara. L'experiència li diu què fer, la confiança en si mateix li permet fer-ho.»

5. TÈCNIQUES PRÀCTIQUES I SENZILLES PER SORTIR DE LA VERGONYA

Aturem-nos i revisem com reaccionem davant una ofensa, una paraula de descrèdit, una absència d'afalagaments i de carícies. Quan ho facis, recorda que l'únic que necessites per deixar la vergonya enrere és a tu mateix.

Aplicant el que és nou, donant importància només a aquelles paraules que aporten valor a la teva vida, creient i confiant en tu mateix, veuràs que ets capaç de respondre i actuar d'una manera diferent però eficaç i segura. I amb el temps, ni recordaràs que, alguna vegada, vas ser una persona vergonyosa.

Avui pots:

1) **Fer callar la veu interior que t'avergonyeix**
La vergonya és una veu interior que s'activarà immediatament després que algú rigui o vulgui humiliar-te.
Aquesta veu interna es pot silenciar si tens l'actitud correcta. Pots posar-li un límit. Identifica-la i després menysprea-la. No perdis temps!

2) **Ser conscient que cometre un error no et converteix en un error**
No confonguis cometre un error amb ser un error. Atenció! No et maleeixis a tu mateix.
No et castiguis. Usa els teus errors per créixer; l'equivocació o l'error no determinen la teva identitat.

3) **Riure't dels teus errors**
El riure espanta la vergonya.

4) **Treure a la llum el geni que portes dins**
El teu potencial és el teu vertader jo, no la vergonya. Hi ha una força oculta, una habilitat dorment que posseeixes i no estàs utilitzant. És una reserva que et pertany i és hora que surti a la llum.

A mesura que comencis a moure't, la vergonya anirà desapareixent. Llavors, aquesta emoció no serà un límit, sinó un desafiament. Comença a caminar amb la convicció de qui

> **Si podem riure'ns de nosaltres mateixos, podrem treure avantatge de la vergonya.**
>
> **Alexander Pope**

ets i, si la situació ho requereix en determinats moments, fins i tot pots arribar a ser un pocavergonya.

Has de ser un pocavergonya, un desvergonyit perseverant, per a les coses i els somnis que pretens assolir. Arrisca't!

9

LA DEPRESSIÓ TÒXICA

Un viatge de deu mil quilòmetres comença per un sol pas.

PROVERBI XINÈS

> **La persona depressiva experimenta una sensació d'impotència, un sentiment absolutament il·lògic, però que li sembla tan real que acabarà convencent-se a si mateixa que la seva incapacitat durarà eternament.**
>
> **David BURNS***

Tots en algun moment hem dit: «Avui estic una mica *depre*, no tinc ganes de res.» I és en aquests moments quan pensem que tot va malament, que tot el que ens passa és negre, que tot ens passa només a nosaltres. I aquests dies no tenim ni ganes d'aixecar-nos.

Dies de nostàlgia en els quals

* David Burns: *«Sentirse bien», una nueva terapia contra las depresiones*, Paidós, 2005, p. 26.

recordem quan vam perdre aquella feina, quan aquella parella que vam tenir se'n va anar amb un altre, quan els nostres pares se'n van anar de viatge i no ens van trucar el dia del nostre aniversari. Dies en els quals sembla que tot el passat es torna present i és llavors quan necessitem tenir a mà un paquet de *kleenex*.

De dies així n'hem passat tots o gairebé tots. No obstant això, viure en depressió permanent és parlar de símptomes molt més seriosos, **és una emoció tòxica al cent per cent.**

Igual que la persona que viu moments d'angoixa o de tristesa, hem de distingir entre depressió i dies més fluixos d'ànim, com ja vam comentar quan vam tractar el tema de l'angoixa.

Els moments fluixos només duren uns quants dies o unes hores i és normal; però la depressió persisteix en el temps.

Si caus set vegades, aixeca-te'n vuit.

Cada vegada és més freqüent trobar-nos amb persones que han patit o estan travessant una depressió o coneixen algú que es troba en aquest estat. No és que faltin raons per deprimir-nos. Si busquem una mica, probablement no trigarem a trobar situacions que ens deprimeixen. No obstant això, si el que volem és viure plenament, necessitem superar aquests moments de decaïment.

1. HI HA ESPERANÇA!

Sense cap mena de dubte, **la depressió és una de les emocions tòxiques que més dolor produeixen.** Aquesta malaltia està creixent molt en tot el món i no reconeix estrats socials ni credos religiosos. Adults, joves i fins i tot nens la pateixen.

Les estadístiques són molt eloqüents. L'Organització Mundial de la Salut (OMS) afirma que el 20% de la població mundial pateix depressió. El quart lloc en causes de mortalitat en el món l'ocupa el suïcidi, i la majoria dels suïcides són depressius.

A l'Amèrica Llatina hi ha dos-cents milions de depressius. A l'Argentina, la xifra puja a tres milions i mig, dels quals sis-cents mil tenen tendències suïcides. A més, hi ha vuit milions d'argentins que pateixen conflictes afectius.

Després de llegir aquestes dades rellevants, segurament estaràs d'acord que aquesta malaltia és més freqüent del que et pensaves.

La bona notícia és que, atesa la seva expansió, s'han elaborat alternatives i sortides des del camp psicològic per brindar suport als qui la pateixen, i **són molts els que han aconseguit superar-la!**

2. No vull veure a ningú

La depressió és tòxica, ja que constitueix l'alteració de l'estat anímic, alteració que influeix i afecta totes les àrees de la vida. Quan el teu ànim baixa, comences a actuar com si estiguessis anestesiat. Res del que abans t'importava ara t'interessa, sembla que res t'alegra ni res et mobilitza. Totes i cada una d'aquestes reaccions estan connectades amb la depressió que sents.

Una persona deprimida no tan sols no es comportarà bé amb ella mateixa, sinó que tindrà dificultats

en les seves relacions de parella i en la seva interrelació amb el món. No obstant això, tindrà una gran necessitat de sentir-se estimada.

Cada vegada que parlem de depressió, estem parlant d'alguna pèrdua, generalment inconscient. És per això que la persona plora i se sent trista sense saber-ne la causa. ***La tristesa és el símptoma principal de la síndrome depressiva.***

Dols que no s'han dut a terme, emocions negatives contingudes, dolors que no s'han deixat anar, pèrdues no resoltes, paraules no dites, plors no permesos, desgràcies, esdeveniments amargs, malalties, emocions ferides que no van ser curades a temps i que, en el moment just, sembla que s'ajuntin per pertorbar la ment de l'individu. I així és com a poc a poc la persona comença a caure malalta. Passa els seus dies inhibida, trista, culpable, abúlica, anorèxica, irritable, negativa, ansiosa, vacil·lant, amb baixa estima. Així és com a aquesta persona li serà molt difícil gaudir de la vida.

Aparentment, ara, després de molt temps, aquesta persona ha decidit reviure totes aquelles emocions que en un moment va contenir i va ocultar. **Necessitem saber que totes les emocions són passatgeres i no poden controlar-se amb la voluntat, perquè es van crear per ser sentides**, per això és pel que hem d'experimentar-les i després deixar-les sortir.

Les situacions inconcluses són aquelles experiències que romanen obertes i en les quals quedem lligats a alguna cosa o a algú i hi posem tota la nostra energia emocional, espiritual, cosa que augmenta el dolor que sentim en algun moment. Potser pensem: «Per què no li vaig dir que l'estimava?», «Per què no hauré fet això o allò?», «Com he desaprofitat la meva vida!». I en aquest balanç que fa la persona depressiva, només pesen els moments més difícils que ha hagut de viure.

Si una persona recorda permanentment un tema determinat o un individu és perquè això li va produir una ferida que li continua generant angoixa i emocions intenses.

Existeix un bacteri anomenat *estreptococ*, que ataca el coll, però, si s'allotja al cor o als ronyons, els destrueix; per això en el moment en què es detecta, els metges el combaten immediatament.

Fent un paral·lelisme, quan l'emoció tòxica és al cap, es pot medicar, però, si baixa al cor, el destrueix.

És per això pel que necessitem aprendre que només quan tanquem el passat, el present s'obre i el futur s'acosta.

3. NO TINC GANES DE RES

Quan et trobes enmig d'aquesta emoció tòxica, hi ha una sèrie de símptomes interns i externs que s'experimenten a nivell psicològic.

Al depressiu li molesta tot. El que abans era un motiu d'atracció deixa de ser-ho i el que abans resultava agradable ara constitueix una càrrega molesta i pesada. És com si, de sobte, tingués una **gran pèrdua d'interès** per tot.

I aquests símptomes no tan sols afecten una determinada àrea del seu caràcter, sinó que es faran presents en la feina, en els seus *hobbies*, en els seus pensaments i en cada una de les activitats que desenvolupi.

En aquests moments, la persona tindrà **ganes de desaparèixer** i cada esdeveniment que se li presenti, cada trucada de telèfon que rebi, es convertirà en una tortura. Ara tot és dolent i lleig, res té sentit ni val la pena.

I aquest adult que abans es menjava el món avui és un nen que necessita el reconeixement i l'aprovació com l'aire que respira. La inseguretat que aquest adult nen ara experimenta el fa dubtar i li fa pensar que ningú l'estima.

Una persona depressiva se sent culpable i, al seu torn, víctima de tot.

Per exemple, una mare depressiva dirà a la filla que la cuida: «Surt, no et quedis tancada per culpa meva, no vull ser una càrrega per a tu, filla.»

Aquest estat depressiu comporta **grans dosis de temors**, inhibicions i culpes. El sentiment de culpa que porta és molt intens, per això qui ho pateix tindrà pensaments tals com:

- no sé per què estic viu
- l'únic que vull és morir-me

I la mort és la sortida que molts depressius esperen per poder escapar de la gran tristesa i l'angoixa que viuen. I aquest és un punt en el qual hem d'estar atents, ja que el 10% d'aquestes persones porten a terme aquesta idea.

Els pensaments del depressiu giren al voltant de preconceptes:

- **El bo i el dolent:** El depressiu classifica tot el que li succeeix en alguna d'aquestes categories. Es pregunta constantment si «hauria» o «no hauria» de fer aquesta cosa o aquella altra. I si fa alguna cosa que «no hauria de fer», sentirà irritació, frustració i culpa.
- **Tot o res:** El depressiu ho categoritzarà tot com a

blanc o negre. Els grisos han desaparegut de la seva vida. Les seves activitats passen per aquest filtre mental del sí o del no.

- **Generalització obsessiva:** Un error comès es pren com un fracàs etern i s'estén a totes les àrees de la vida. Potser, si ha fracassat en el seu matrimoni, el depressiu se sentirà fracassat en la feina, amb els seus fills, en les seves relacions interpersonals, en tot. Naturalment, serà per culpa seva, perquè es dirà a si mateix que ell és qui no serveix.
- **Fixació amb les coses negatives:** El depressiu agafa un fet negatiu o un error i no pot oblidar-lo ni passar pàgina, sinó que es castigarà per aquest error tant temps com li sigui possible.
- **Centralització:** El depressiu es veu a si mateix com a centre de tot el que passa, especialment de tot el que és negatiu. El dolor d'una altra persona el portarà a activar el seu i a explicar el seu propi dolor.

La persona que pateix una depressió observarà la vida a través d'una lent distorsionada. El seu **excessiu perfeccionisme** li impedeix veure els fets com realment són. Un no és sempre bo ni sempre dolent. Hi haurà dies que potser el nostre humor no serà el millor i, davant d'un determinat qüestionament, no respondrem amb la mateixa paciència de sempre, la qual cosa no significa que siguem dolents.

Que la teva parella hagi decidit no continuar amb la relació no significa que mai més no trobis cap parella.

Desqualificar-nos i responsabilitzar-nos del que no ens correspon ens portarà a elaborar creences errònies sobre nosaltres mateixos, i aquestes falses creences ens conduiran a la depressió. Necessitem comprendre que la vida seguirà els nostres pensaments i que la nostra forma de viure es realitzarà d'acord amb la seva qualitat: en pau i harmonia o en una contínua i desgastant depressió. La teva vida mai no anirà més lluny del que tu pensis que et mereixes.

David Burns diu: «Vostè considera les seves emocions com una prova de la veritat. La seva lògica és la següent: "Em sento com un inútil; per tant, sóc un inútil." Aquest tipus de raonament és equívoc, perquè els seus sentiments reflecteixen els seus pensaments i les seves creences. Si estan distorsionats, com sol succeir, les seves emocions no tindran validesa. El raonament emocional intervé en gairebé totes les seves depressions. No se li ocorre qüestionar la validesa de les percepcions que creen els seus sentiments.»*

En canvi, si el teu cor i la teva ment estan oberts a rebre paraules de fe, d'ànim, de saviesa, d'estima, de valor, ràpidament podràs tancar tots aquests anys de dolor que has retingut en la teva ment i en la teva ànima, i transformar-los en anys de gaudi. Segurament no podràs canviar el teu passat, però sí que podràs actuar per generar accions positives en el teu present.

El que és positiu sempre venç el que és negatiu.

La llum és més intensa que la foscor, la salut més que la malaltia. Avui no podem solucionar el que va passar, però sí fer que passin coses noves en el nostre present i en cada un dels dies que vindran. Podem aturar-nos a veure la vida des del que som capaços d'assolir i fer un balanç de tot el bo que hem viscut. D'aquesta manera, estaràs preparat per

2. David Burns, *op. cit.*, p. 56.

dir: «A vegades tot em surt bé i altres vegades no tant, però el millor és que torno a intentar-ho fins que el resultat que obtinc és excel·lent.»

Quan curis el teu cor, experimentaràs un creixement inigualable, únic, sense límits, perquè estaràs a punt per rebre el millor de la teva vida.

4. No vull repetir la història

Certes conductes s'hereten: podem ser porucs com la nostra mare, violents com el nostre pare, paranoics com l'avi, passius com el besavi i depressius com els oncles.

Les herències psicològiques no es trenquen amb el mer desig de «no assemblar-me a...», sinó quan modifiquem els nostres pensaments i, per tant, les nostres conductes.

Hem de trencar amb una manera de pensar caduca i començar a veure la vida i a viure-la amb pensaments i creences correctes.

Si la teva mare va ser depressiva, pren tu la determinació de no ser-ho. Lluita amb dignitat davant de la dificultat o el moment dur que puguis estar passant, perquè la teva herència no és viure i morir com els teus avantpassats, sinó havent complert el somni i el propòsit que fou dissenyat per a la teva vida.

Avui podràs enfrontar-te a tempestes, però sabent que al final tu t'emportaràs el premi.

Els somnis, els objectius, les metes donen sentit a la nostra vida i ens proporcionen estabilitat emocional. Quan un lluita per aconseguir el seu somni, funcionarà molt més enllà dels seus límits. El teu somni desafiarà la teva ment, els teus pensaments i qualsevol herència o decaïment que intenti detenir-te.

> **«Incoherent»** ve d'*incoherència*, «sense herència». Has de desfer-te de tota herència negativa que t'hagin deixat els teus avantpassats. Tu pots elegir ser incoherent amb tota herència que t'estigui fent mal.

Alguna vegada has sentit que tocaves fons, que arribaves a un punt on dius «no tinc forces, no puc seguir més», però, no obstant això, l'endemà, en llevar-te, et negues a romandre inert en aquest lloc on no passa res?

Actualment, veiem persones de quinze, vint, trenta anys sense desitjos, sense metes, sense somnis; joves que avui tenen el que en psicologia es denomina una *depressió blanca*.

Aquesta malaltia ocasiona en els individus una falta de desig per tot; es tracta de persones que expressen alegria, dolor i tristesa sense moure ni un sol múscul de la cara. Semblen persones adormides, sense somnis, i això és el que és la depressió, l'absència d'un somni, d'una meta, d'un propòsit.

Per això no importa el teu passat, ni l'edat que tinguis, ni tan sols si tota la teva família ha patit aquests símptomes. El que importa és que tu somiïs, perquè, mentre ho facis, tindràs forces per seguir endavant i no detenir-te.

El grau de satisfacció amb un mateix serà proporcional a la sensació d'estar controlant la vida.

Per això, mentre somiïs i et projectis en la meta, la depressió no tindrà lloc ni en la teva ment ni en les teves emocions.

5. Tinc ganes de quedar-me a casa

A nivell simptomàtic la depressió s'exterioritza de diferents maneres. Podem sentir que no tenim tanta gana com abans; el que abans pensàvem que era una cosa deliciosa, ara ja no té sabor ni gust. De la mateixa forma que el depressiu percep la vida, percebrà els sabors: tot li serà igual. Així doncs una persona depressiva pot arribar a perdre força pes.

També pot patir etapes d'insomni. Per al depressiu, agafar el son és una dificultat greu. Sovint passa diverses nits sense poder dormir o té el son entretallat.

A vegades hem observat que hi ha depressius als quals els passa el contrari: dormen moltes hores al dia i, per tant, manifesten un clar desig d'evasió de la realitat.

El depressiu pot experimentar canvis en els seus desitjos sexuals. A una persona deprimida, el sexe és l'últim que li passa pel cap. Fins i tot alguns perden tot interès per la sexualitat i es fan inaccessibles a la seducció i a l'excitació eròtica. No és que no tinguin desitjos sexuals, en realitat, no tenen ganes de res.

La depressió és tòxica i és una de les malalties emocionals que més sentim en el nostre cos.

En moltes persones es produeix un retard psicomotor: la seva cara expressa dolor, els seus moviments corporals són pocs i lents. El seu gest és cap a dins i cap a sota (s'encongeix, es tanca el cos entre els braços, mirant el terra), fa els moviments de forma lenta i dificultosa. Entre els nombrosos símptomes externs, a més dels esmentats anteriorment, podríem citar les cefalees, les taquicàrdies, els vòmits, la diarrea, la hipotensió, etcètera.

El fet és que els éssers humans som i funcionem com una unitat. Davant d'una experiència, uns ens diuen «és una cosa simple, es resol fàcilment», mentre que altres, «no ho podràs superar, això és el final». El significat que atorguem al que ens passa diàriament ens cura o ens emmalalteix, no pels fets en si, sinó per la forma en què els interpretem. Això es deu a l'existència d'una interrelació, molt estreta, entre la ment i el cos.

Antigament, es pretenia fer-nos creure que el cos era dolent i que no servia per a res, però avui sabem que la ment i el cos estan estretament lligats. Tot el que passa al cos repercuteix en la ment, i tot el que passa per la ment afecta el cos. Existeix una connexió directa, d'anada i tornada, entre la ment i el cos.

Una expressió de la cara, encara que sigui provocada artificialment, produirà en la persona els sentiments que la representen. Per exemple, si t'enfades amb algú i la persona et diu: «Vinga, somriu-me», és com si l'enuig passés, perquè aquest somriure ens produirà aquest sentiment.

Hi ha investigacions que suggereixen que, si estàs en un carrer a les fosques i comences a xiular una melodia alegre, la por es neutralitzarà, s'estimularà la confiança i caminaràs més segur.

És per això pel que, si estàs passant per una depressió, la màxima expressió del que t'està passant és el teu cos. El llibre de Proverbis diu: «De la bellesa del cor, en parla la cara», i així succeeix realment. Si el teu cor està ple de tristesa, d'angoixa i de depressió, el teu cos reflectirà el que està passant a la teva ànima.

Per això, si avui vols sortir de la depressió que sents o desitges donar la mà a algú que t'estimes, necessites saber que existeixen tres condicions indispensables que hem de desenvolupar per guarir la nostra ànima i, per tant, el nostre cos.

Una persona sana:

1r. Sap il·lusionar-se

La persona s'il·lusiona amb un esdeveniment que viurà en una data pròxima (per exemple, amb el casament del fill o perquè tindrà un nét, o perquè es graduarà o celebrarà una festa) i viu molts esdeveniments més fins i tot després d'aquest que passa. El que s'il·lusiona té més probabilitats de viure amb plena salut.

2n. Té coratge

El que té coratge, el que lluita per una cosa específica, recobra la seva salut, encara que no ho cregui. El pitjor que ens pot passar és viure per res. Encara que sigui per lluitar, per guanyar un judici, per una casa, per la custòdia d'un fill, aquesta lluita et farà desenvolupar coratge i allargarà en salut la teva vida.

3r. És optimista

S'ha descobert que les persones que no donen importància a la malaltia es recuperen abans. És a dir, que, com més et concentres en la malaltia, més empitjores, i com menys t'hi concentres, més ràpid et recuperes.

El mateix passa quan et donen una notícia i no hi afegeixes dramatisme. Tot passarà i farà que aquesta resposta et porti una cosa més gran i millor. Si reps una mala notícia, no dramatitzis, digues: «Això també passarà, tinc capacitat per resoldre aquesta situació en pau.» Aquesta actitud implica que vindrà una cosa millor. Per a l'optimista, el que ve sempre és millor.

Il·lusió, coratge i esperança ajuden a regular les emocions negatives. Amb aquests elements ja no seràs tan vulnerable i podràs recuperar-te molt més ràpid. L'esperança cura: però, per curar-se, s'ha de tenir molta esperança.

L'esperança és una virtut. La persona amb esperança és virtuosa i sàvia, perquè sap que el que vindrà a la seva vida serà bo.

6. TIPUS DE DEPRESSIONS FREQÜENTS

Encara que totes les depressions es manifesten a través dels mateixos símptomes, hi ha diferents tipus de depressió. Analitzem les més comunes:

a) **Depressió de tipus reactiu**
Es tracta d'una de les més freqüents, és la que apareix com una reacció davant una pèrdua. Aquesta pèrdua (conscient o inconscient) pot ser d'un treball, un amic, una parella, etcètera. Com que la persona no aconsegueix recuperar-se, el dolor i la tristesa augmenten cada vegada més fins a transformar-se en un quadre depressiu. Aquesta depressió es presenta especialment en persones introvertides, insegures i molt sensibles.

b) **Depressió maniacodepressiva o bipolar**
És la que viuen les persones que, de vegades, experimenten un grau d'eufòria, d'alegria i, de sobte, al cap d'unes setmanes o mesos, senten que no volen viure més: no volen sortir, no volen fer res. Però, més tard, tornen a fer-ho tot fins a caure novament en un estat de no voler fer res. Aquesta ambivalència els genera grans depressions.

c) **Depressió per esgotament**
És la que pateixen especialment algunes persones del món executiu i els adolescents. Per un costat, es produeix en subjectes altament competitius i summament pressionats per constants autoexigències que els porten a l'esgotament psíquic i físic. En el cas dels adolescents, pateixen aquesta depressió quan coincideixen diversos estímuls persistents i reiterats, a més de veure's influïts pels retrets, el rebuig i les baralles familiars.
La societat competitiva en la qual estem vivint, el treball excessiu, l'estrès, lentament generen un cansament psíquic que també el cos va acusant.

d) **Depressió que pateix la gent més gran de cinquanta anys**
Diuen els psicòlegs que, a partir dels cinquanta anys, pot generar-se en les persones una depressió involutiva. La persona comença a pensar què ha fet en la vida, què ha aconseguit i què no: «En això em vaig equivocar», «Amb aquella parella em va anar malament», «Això no ho vaig fer». La persona comença a pensar i pensar, i descobreix buits en la seva vida passada, descobreix que la vida se n'ha anat i no va fer el

que va voler. Per tant, lentament, comença a caure en una depressió: els nens han crescut, la parella no funciona bé, el treball d'anys anteriors no ha resultat com s'esperava, hi ha hagut pèrdues afectives..., la persona comença a revisar i revisar. I, a poc a poc, entra en una depressió.

e) **Depressió per errors o culpes no guarides**
Afecta les persones que, amb el transcurs dels anys, senten en el més profund del seu ésser que els seus errors mai no van ser perdonats.

La depressió, sigui del tipus que sigui, sempre mantindrà un circuit. El depressiu s'aïllarà i generarà pensaments negatius. Com més s'aïlla, més pensaments negatius genera i, com més pensaments negatius genera, més s'aïlla. Llavors, entra en un cercle viciós del qual sent que no pot sortir. Sí, has llegit bé, del qual pensa que no pot sortir, perquè es pot sortir de la depressió.

El millor remei per a una persona malalta emocionalment o físicament és **donar-li sempre esperança.**

Tal com acabes de llegir, se li ha de parlar d'esperança, donar-li esperança per menjar, transmetre-li esperança. Això és el millor que podem fer: cuidar la persona depressiva i transmetre-li que, fins i tot d'aquest dolor, se'n pot sortir. No la castiguem, ni la culpem, sinó que hem de donar-li l'esperança que avui està així, però que demà estarà bé. L'esperança és terapèutica.

Immunitza't psicològicament, immunitza la teva ment, perquè cap virus arruïni la teva vida i cap pensament negatiu que pretengui menjar-te el cervell i el cos t'ataqui.

Envolta la teva ment i el teu cos de tot el que és bo:

1. Selecciona els records de la teva vida.
2. Has de tenir records agradables.
3. Evita discussions.
4. Llegeix les teves circumstàncies positivament.

Si ho fas, el teu cos i la teva ment estaran protegits, i la depressió ja no tindrà cabuda en la teva vida.

7. TÈCNIQUES I ESTRATÈGIES SENZILLES PER DEIXAR ENRERE EL DOLOR I COMENÇAR A GAUDIR DE LA VIDA

Molts de nosaltres hem patit depressió o bé tenim un familiar o coneixem algú que l'està patint. La pregunta és com ajudar aquestes persones.

Vegem algunes pautes per tenir en compte:

- **No compadir-les**
  L'estat d'angoixa i depressió és sovint molt mobilitzador i resulta fàcil caure en el rol sobreprotector.

- **No encoratjar-les amb paraules**
  No hem de dir frases com «va, amunt»; «el que tens no és res en comparació amb el que jo vaig tenir». Aquestes frases només calmen la nostra ansietat, però a la persona deprimida li provoquen més desesperació, ja que és la primera que vol sortir de l'estat en què es troba. En la seva ment, el depressiu se'n vol sortir. Imagina coses per sortir-se'n, però, quan vol fer-les, se sent inhibit i sense forces.

- **No ser freds**
  Una actitud de fredor no permetrà que la persona depressiva s'expressi i a la vegada servirà per augmentar la seva depressió.

Una bona ajuda és presentar-li algú imparcial que la pugui acompanyar, que l'escolti i que no qüestioni el que en aquest moment està tractant d'expressar.

I perquè la depressió sigui només un record en la nostra vida, necessitem canviar la nostra ment perquè les nostres emocions també canviïn, per tant:

- **Reconeix que els errors són part del teu creixement**
  El problema no és equivocar-nos, sinó que no ens agafem temps per aprendre de l'error i tornem a ensopegar. Revisant l'error, aprendrem. L'error és una font de creixement, no de tortura.

- **Identifica i evita totes les coses o persones que et fan mal**
  En aquest temps de recuperació no visitis familiars malalts, no miris les notícies, no discuteixis. És hora de tornar a omplir-se de pau i de noves forces, d'energia i d'entusiasme per donar-se noves oportunitats.

- **Cultiva la teva ment amb coses positives**
  Evita l'autocrítica excessiva i l'autodesqualificació, deixa de costat els pensaments negatius i no et facis responsable de tot el que passa al teu voltant.

- **Aprèn a parlar en positiu**
  Quan parles en negatiu et bloqueges, perquè sempre hi haurà un «no» anteposat a la resposta que estàs es-

perant. Quan aprenguis a parlar en positiu, aprendràs a divertir-te i a generar esperança dintre teu.

- **Aprèn a fer pauses**
  Dins de les nostres possibilitats, hem d'intentar fer pauses mentre treballem. El que es recomana és una pausa de cinc minuts cada dues hores de treball. Està comprovat que es triplica el rendiment. Hi ha moltes persones que treballen moltes hores seguides i després intenten fer coses com dormir les següents vint-i-quatre hores. Això no funciona. Aturar-nos i fer alguna cosa diferent ens ajudarà a evitar l'esgotament.

- **Aprèn a dir NO**
  De vegades, davant de persones exigents —un amic, un marit o els nostres fills—, no podem dir que no i així és com ens comprometem a portar càrregues que no ens corresponen.

- **No imaginis massa**
  L'ésser humà tendeix a tenir pensaments pessimistes, hem de detectar-los i posar-los un límit.

- **Encara els problemes amb saviesa**
  Com més grans siguin els nostres problemes, més gran serà l'ascens cap al nostre pròxim nivell de creixement. Resoldre un gran problema et portarà a un gran ascens. Els nostres problemes no ens aterraran, sinó que ens faran més forts.

- **Mira el quadre complet**
  Hem de tenir clar cap on anem per no aturar-nos pel camí en coses que ens distreuen.

Ara agafa llapis i paper, anota aquestes frases i enganxa-les a la nevera fins que se't gravin a la ment i a l'esperit:

- La meva atenció ha de centrar-se en l'important i en el que és gran.
- Tot el que faci serà amb una actitud d'èxit.
- Jo valc i tots els recursos estan dintre meu.
- Aprofitaré totes les oportunitats que es presentin per créixer.
- Per no patir depressió, has de ser apassionat. La passió t'activa, et fa més fort, més flexible. La passió et dóna l'impuls extra que necessites per seguir avançant. La passió et fa més persistent i fa que et recuperis més ràpid.

I per últim, el més important:
PERDONA, DEIXA ANAR I TANCA EL PASSAT.

Deixa anar les pors, les persones a les quals t'has aferrat, aquelles situacions i històries que et van omplir de dolor, perquè el que vindrà sempre serà millor.

Deixa anar el passat, aquelles paraules que van quedar guardades, aquella angoixa i aquelles emocions que ofegaven el teu futur i les teves ganes de viure.

Dependrà de tu que ningú més fereixi el cor. Ets una llavor i ningú no pot agafar la teva vida. Tu la dónes i només tu la tornes a agafar. Aprèn a valorar-te, a felicitar-te.

Quan una persona es valora, es felicita i es reconeix, sempre atraurà el millor per a la seva vida: els millors amics, la millor parella i la millor família, perquè atraus d'acord amb el que ets.

Uns últims consells:

- **Innova:** Innovar significa agregar el factor sorpresa. Fes alguna cosa nova!
  Encara que siguin petites modificacions, necessitem implementar-les en tot el que fem per no avorrir-nos. Omple la teva agenda amb activitats, per tenir experiències noves i créixer. Viu la vida amb intensitat.

- **Gaudeix***:* No som més feliços perquè no fem el que ens fa feliços. Què és el que et fa feliç? Afegeix-ho a la teva agenda i no esperis demà, sinó que fes avui el que alegra el teu cor. Martin L. King deia: «Si no has descobert res pel qual valgui la pena morir, és que no estàs preparat per viure.»

- **Pregunta't:** He somiat prou? He viscut plenament? He après a desprendre'm? He estimat bé? I si fins ara no ho has fet, posa't en marxa. Això és gaudir.

En una ment i en un cos ple de gaudi, de plaer i de sentit, la depressió no tindrà cabuda.

10

LA FRUSTRACIÓ TÒXICA

> No et desesperis, ni tan sols pel fet que no et desesperes. Quan tot sembla acabat, sorgeixen noves forces. Això significa que vius.
>
> FRANZ KAFKA

La frustració intoxica les nostres ganes de seguir endavant, la força per aixecar-nos una vegada més i continuar, que és una cosa que necessitem cada matí en despertar-nos. Pensem tant en el que passem, revisant-ho mil vegades en la nostra memòria, que perdem l'esperança i ens costa pensar que algun dia ho aconseguirem. T'invito a fer un pas cap al futur, aprenguem com arribem a sentir-nos tan afectats per aquesta emoció tòxica i comencem a sortir-ne per anar més enllà.

«Ho he intentat, però no he pogut...»
«No sé si tornaré a fer-ho...»
«Prefereixo no pensar en això...»

«És una cosa que no puc superar...»
«Ai! Has tocat un tema prohibit, és millor que parlem d'una altra cosa...»
«Tornar a passar per això? No, mai més...»
«El que passa és que no em van ajudar, em van deixar sol...»
«No saps que lleig va ser quan em van dir que no, no m'ho puc treure del cap...»

1. JO, FRUSTRAT?

En algun moment de la teva vida has patit alguna frustració? Potser volies aconseguir alguna cosa, ja fos en l'àrea econòmica, familiar o afectiva, i, com que no ho vas aconseguir, la conseqüència va ser que et vas sentir frustrat. Quina sensació més tremenda i desagradable! És com si tot se'ns enfonsés i com si la nostra lluita de tant temps no servís per a res. Molt dolor, molta angoixa, molta pena... Totes aquestes emocions juntes ens cauen al damunt quan sembla que la frustració ha trucat a la nostra porta.

La frustració és un sentiment de fracàs i decepció que apareix davant un desig no complert o una necessitat no satisfeta.

Tots els éssers humans vam ser creats de tal manera que tenim el desig interior, fins i tot des de petits, d'assolir metes, de superar-nos. El desig de complir els nostres somnis està en la nostra naturalesa.

Com més gran sigui el desig que volem aconseguir, més gran serà el grau de frustració que tindrem.

Però resulta que, quan una persona no pot veure complert el seu desig, immediatament apareixen dues emocions oposades com a formes d'elaborar la seva frustració: *l'enuig i la tristesa.*

L'expressió de l'enuig a través de la violència, tan comú en la nostra societat aquests dies, és la conseqüència d'una frustració. Darrere de tota persona enfadada hi ha una persona frustrada.

La frustració pot convertir-nos en persones ressentides i, en un determinat moment, podem arribar fins a odiar-nos i agredir-nos a nosaltres mateixos. Llavors diem coses com: «Que estúpid vaig ser!», «Per què em passa això a mi?».

A més de l'enuig, l'altra reacció és la resignació i la tristesa. Una persona trista es torna melancòlica, retreta, solitària. Resignada davant la situació negativa que li ha tocat viure, es conforma dient «bé, és el que m'ha tocat a mi». I permet així que la seva vida giri al voltant de l'aïllament i la introversió.

Algú frustrat també es tornarà extremament sensible a tot allò que li recordi el seu fracàs i sentirà molta angoixa quan es trobi en una situació similar. Aquest dolor que sent que no és capaç de superar pot portar la persona a arriscar-se cada vegada menys en la vida i a conformar-se amb la seva situació actual, encara que no estigui satisfeta amb la seva vida, perquè voldrà evitar totalment una nova decepció.

2. Tolerància zero

Quan algú que no aconsegueix els seus objectius de seguida s'enfada, diem que té **«tolerància zero»**. Segurament en alguna ocasió hauràs dit d'algú o potser ho han dit de tu: «Aquesta persona hauria de ser més tolerant...»

Una persona intolerant, en general, en la seva infància va ser sobreprotegida. Plorava i obtenia tot el que volia sense esperar ni un segon. Com que obtenia tot el que demanava, com que totes les seves demandes eren satisfetes sense cap esforç per part seva, aquesta persona va créixer sense frustracions.

I què fa en l'edat adulta? **Exactament el mateix.** Però la vida no sempre li dóna tot el que desitja; llavors protesta, es queixa i es converteix en una persona adulta capritxosa. Com que ha rebut sempre tot el que volia, li és impossible tolerar la frustració.

Altres persones, en canvi, no suporten la frustració perquè en la seva infància tot era **no**. Van tenir moltes carències. Quan demanaven una cosa, sempre rebien un NO per resposta. No rebien res i tot era pèrdua. Una persona que mai no ha rebut res, quan es converteix en adult, no tolera la frustració, perquè tots els **«no»** i els **«difícils d'aconseguir»** li recorden la seva infància. Són persones que, a la mínima cosa que se'ls nega, reaccionen violentament. Pensen que la gent que els envolta està en la seva vida per evitar-los la frustració, per la qual cosa diuen frases com: «Si em tractes bé, jo no et pegaré.» Creuen que els altres existeixen per donar-los tot el que desitgen i no toleren cap demora o obstacle en el camí.

3. FUGINT DE LA FRUSTRACIÓ

Qui viu i se sent frustrat acumularà tant dolor en la seva ànima que, a la llarga, necessitarà adormir les seves emocions. Tractarà per tots els mitjans de fugir d'aquest dolor i recorrerà a realitzar qualsevol cosa que, encara que sigui temporal i tingui conseqüències greus, aporti una mica d'alleujament a la seva vida i la faci sentir-se millor.

Vegem a què solen recórrer les persones que no toleren la frustració:

- addicció a les drogues
- addicció a l'alcohol
- addicció al joc (jugadors compulsius)
- automaltractament o automutilació
- qualsevol altre comportament compulsiu

Si t'identifiques amb alguna d'aquestes actituds compulsives, has de començar per entendre que la frustració és part de la vida. **No tot el que vols és el que en realitat necessites, i no tot el que necessites ho aconseguiràs sempre en el moment que desitges.**

Però, malgrat tot, mai no renunciïs a les teves metes, segueix endavant.

L'actitud més intel·ligent és deixar de lamentar-nos del temps que ens falta i aprendre a gaudir de les coses senzilles que es poden fer en poc temps.

Margarita Rojas*

No permetis que les desil·lusions de la vida —i tots ens desil·lusionem en algun moment— menyscabin el teu potencial i t'allunyin dels teus somnis.

Tu ets més gran que les teves desil·lusions, tens en el teu interior l'ADN de la grandesa, només que de vegades sembla que el dolor i la frustració

* Margarita Rojas, *op. cit.*, p. 49.

La meitat del món no pot comprendre els plaers de l'altra meitat.

Jane Austen

l'hagin ocultat. Comença a veure la vida d'una altra manera, pots girar full i seguir endavant, i el que fins avui no t'ha funcionat i t'ha fet sentir frustrat canvia-ho. Pensa en aquelles coses i en allò que fa tant que vols fer i encara no has fet, busca estar amb aquells que afegeixen valor a la teva vida.

I a tu què et produeix plaer? Escriu-ho en un full i comença a practicar-ho.

4. COM ACONSEGUIR UNA ALTA TOLERÀNCIA A LA FRUSTRACIÓ

Recorda que cap ésser humà té el poder de Superman per salvar-te, no posis **excessives expectatives en les persones** perquè, vulguin o no, tard o d'hora et fallaran. Si confies en algú, sigues conscient dels riscos que estàs corrent perquè, quan et falli, recordis que tu també pots ferho. Et recomano que llegeixis el capítol en què parlem de la codependència.

Augmenta el teu cercle de contactes, envolta't de diferents persones a les quals puguis recórrer. Si una no està disponible, sempre n'hi haurà una altra. Quan poses totes les teves expectatives en una sola persona, sempre acabes desil·lusionat. Si t'és possible, ***no esperis res de ningú***; així seràs lliure de la gent per poder gaudir de relacions interpersonals sanes.

El teu cor és el centre de control de les emocions i de totes les portes de la teva vida. Si la persona equivocada entra en la cabina de control —o sigui, en la teva intimitat—,

Aquells que veuen en cada desil·lusió un estímul per a conquestes més grans, aquests posseeixen el punt de vista adequat per a la vida.

Johann W. Goethe

obrirà les portes que han d'estar tancades i tancarà les que s'han d'obrir. **Només tu tens el control de les teves emocions** i la capacitat i la llibertat de decidir com et sentiràs. No permetis que els altres determinin com ho has de fer.

Cada matí, en llevar-te, pots prendre la decisió de ser feliç, de gaudir i fruir del teu dia, de no frustrar-te davant el primer problema que aparegui en el teu camí, encara que les coses no surtin sempre com tu vols o esperes.

5. ELEGEIXES TU O JO? ELEGEIX TU...

Una persona que viu amb frustració és aquella que ha dedicat la seva vida a agradar als altres i que ha permès que els altres elegeixin per ella.

Diuen que hi havia una nena òrfena, molt pobra, que no tenia una casa on viure i es passava el dia caminant descalça pel bosc. Un dia va decidir ajuntar tots els materials que pogués trobar per fer-se un parell de sabates. Així que va ajuntar trossos de cuir, fulles, branques, teles, tot el que va trobar pel camí. I amb tot allò, es va fer un parell de sabates. Va seguir caminant i, quan va arribar a la ciutat, va veure un arbre de gerds i se li va ocórrer tenyir les sabates de color vermell amb el suc dels fruits.

Molt feliç va seguir caminant amb les seves sabates vermelles, ja que havia pogut realitzar, amb el seu propi esforç i intel·ligència, unes bellíssimes sabates, tal com ella les volia i les havia imaginat.

Un dia es va topar amb una vella, enmig del camí, que viatjava en un gran carruatge molt engalanat. La dona va veure la nena, en va sentir compassió, i la va invitar a viure a casa seva.

Sentint-se agraïda i en deute pel que la vella havia fet per ella, la nena va començar una carrera per agradar a la dona. Fins a tal punt que la vella li va demanar que llencés les seves sabates vermelles i ella va acceptar. La nena estava tan enlluernada per la seva riquesa que, a poc a poc, va començar a ser domesticada i va arribar a fer tot el que la vella volia...

Et veus reflectit en la nena del conte? Potser vas aconseguir amb el teu propi esforç i les teves capacitats metes anhelades i les vas gaudir, però després vas caure en la trampa de ser domesticat per altres persones, per la cultura, per certs principis, per les metes o valors d'altres. I sense adonar-te'n, van ser els altres els que van modelar la teva vida i els que van elegir per tu. Just llavors, en el moment en què decideixes agradar als altres i dir que sí quan en realitat volies dir no, és quan comences a donar lloc a la frustració.

Encara que tingui metes i no hi hagi obstacles en el seu camí, una persona que no pot desvincular-se de les ordres que ha rebut acaba frustrada.

A vegades passa que, malgrat tenir una meta clara i no haver-hi obstacles al camí, no aconsegueixes assolir-la. Pots ser una persona que té una família estable, una carrera, una bona feina i no té grans problemes en la seva vida, però, no obstant això, et sents frustrada. **Per què?** Per la beneïda culpa que sents. Sentir culpa expressa un temor interior al

> **I quan ens sentim culpables, pensem que no som mereixedors de benestar.**
>
> **Margarita Rojas***

càstig, al rebuig, i ens dóna un sentit d'indignitat que no ens mereixem.

Llavors, entrem en un circuit del qual, al cap d'un temps, no podem sortir. No gaudim perquè sentim culpa, i ens frustrem perquè no vam fer el que realment teníem ganes de fer a causa d'aquesta culpa.

Una persona que té un sistema de creences tancades, encara que tingui metes i ho intenti una vegada i una altra, sentirà que mai arriba a l'objectiu i, per tant, es frustra.

Potser no arribes a complir els teus objectius perquè sempre estàs intentant el mateix. Si sempre fas allò que no et funciona, sempre obtindràs els mateixos resultats. Si el que has provat dues o tres vegades no dóna resultat, fes una altra cosa.

Com pots saber què has de fer de manera diferent? Utilitzant la SAVIESA que hi ha en el teu interior. Ets un ésser creatiu, únic, especial. Busca aquesta saviesa que hi ha en tu mateix i comença a treure a la llum les idees estratègiques que et permetran assolir les teves metes.

Deixa tot el que fins ara no t'ha donat resultat. Creu en tu mateix i atreveix-te a fer allò que mai no has provat. Cada vegada que una persona es queixa és perquè no sap demanar el que necessita o desitja.

A molta gent, en especial als homes, els costa molt demanar alguna cosa. Per què? Perquè ens van ensenyar que

* Margarita Rojas, *op. cit.*, p. 152.

> Hi ha caigudes que serveixen per aixecar-nos més savis i més feliços.
>
> William Shakespeare

l'home és el proveïdor, el que sempre dóna i mai no rep. Això és mentida! Homes, també nosaltres podem demanar el que necessitem de la manera correcta. No sempre ens diran que sí ni ens donaran el que volem, això forma part de la vida. Però si ets una persona que ha decidit no viure en frustració sinó que s'ha disposat a viure més sanament i rebent el que es mereix, estaràs preparat per rebre un «no» com a resposta, estaràs a punt per poder dir «no» al que no vols i no et convé, sabràs també sentir-te lliure de tota culpa i hauràs entès que perdonar i perdonar-te és el primer pas que necessites donar per sentir-te lliure i feliç.

Val la pena intentar-ho!

6. LA DIGNITAT SUPERA LA FRUSTRACIÓ

Agradar no consisteix a somriure o ser simpàtic, es tracta de cedir. Quan, pel mer fet de complaure sempre als altres, cedeixes sempre en principis, valors, objectius, desitjos, interessos, llavors perds la teva dignitat.

És impossible complaure a tothom! Per superar la frustració, has d'atrevir-te a ser una persona DIGNA, a deixar d'agradar als altres i a córrer darrere de metes, somnis i objectius aliens.

> No sé quina és la clau de l'èxit, però sí sé que la clau del fracàs és intentar complaure a tothom.
>
> Bill Cosby, còmic nord-americà

Vegem les característiques d'una persona digna:

a) Es coneix a si mateixa

Tots hem de passar pel procés de conèixer-nos a nosaltres mateixos. No és una tasca fàcil perquè, quan comences a veure què és el que hi ha en el teu interior, pots trobar moltes coses que no t'agraden. No obstant això, no has de tenir por de conèixer-te. Potser coneixes més coses de la teva parella, dels teus fills, dels teus amics que de tu mateix. Passar temps amb tu mateix et converteix en un home digne, en una dona digna. Ets una creació meravellosa, digna de ser coneguda i admirada.

> **Escolta les teves emocions, no les ignoris, i procura expressar-les pels canals adequats, si no, et faran mal.**
>
> **Margarita Rojas***

b) Lidera la seva pròpia vida

Lidera els teus pensaments, els teus sentiments, les teves accions. No pots viure segons el que els altres pensen, senten o actuen. Lidera la teva ment, el teu cos, el teu esperit.

Tu tens la capacitat i la llibertat d'elegir què sentir i, fins que no ho facis amb tu mateix, no podràs guiar a ningú. No pots projectar què fer l'any que ve si no has après a liderar-te i a deixar-te anar de tot el que fins avui t'ha mantingut lligat.

Liderar-te significa elegir els objectius que vols assolir, els pensaments que posaràs a la teva ment, els sentiments que tindràs i els que anul·laràs perquè fins ara no t'han servit.

* Margarita Rojas, *op. cit.*, p. 178.

c) Confia en el seu criteri i creu en ella mateixa, encara que cometi errors

Si has comès errors en la teva vida, pot resultar-te difícil confiar en el teu propi criteri. Sents que necessites l'opinió dels altres abans de prendre una decisió important? La veritat és que, quan decideixis una cosa, no sempre t'anirà bé, però has de tenir el teu propi criteri, t'equivoquis o no. Tens capacitat per corregir el que està malament, desaprendre el que vas aprendre malament i, sobretot, incorporar noves creences que siguin sanes i veritables.

Cada error ensenya a l'home
alguna cosa que necessitava aprendre.

d) Estableix prioritats

És important saber dir «no» al que és secundari, sense la qual cosa també és possible viure. Aprèn a dir que no a les coses que no siguin una prioritat en la teva vida, perquè sense aquestes coses podràs seguir vivint i, sobretot, seràs lliure de l'estrès, de la frustració i de tot allò que no vols fer.

Una persona digna estableix límits clars i no ho permet tot en la seva vida. Pren la determinació de posar límits a tot el que no sigui bo per a tu i només sigui un obstacle que no et permet avançar.

e) Es dedica temps a si mateixa

És bo que puguis estar amb altres persones, però també que gaudeixis estant sol. Ets de les persones que mai no poden estar soles? Gaudeix dels moments de soledat, utilitza'ls per conèixer-te, per fer les coses que més t'agraden, per relaxar-te. Aprèn a portar-te bé amb tu mateix. Si aconsegueixes gaudir d'aquests moments de soledat, després podràs gaudir molt més de la companyia dels altres. No tinguis por a la soledat, perquè aquest temor es reflectirà en la teva relació amb els altres i pot portar-te a la codependència.

f) Té dues característiques: tenacitat i determinació malgrat els obstacles

Si el que et vas proposar en el passat encara no ho has aconseguit, no et frustris, ho aconseguiràs en el futur gràcies a la teva tenacitat i determinació. Una persona digna no viu en un món de fantasia, del «com m'agradaria que això em passés a mi». Contràriament, mai no es queda quieta, es mou i, mentre està en moviment, les coses passen. Persegueix els teus somnis. Tens tot el necessari en el teu interior per aconseguir-los.

El polític britànic Winston Churchill va dir: «L'èxit és aprendre a anar de fracàs en fracàs sense desesperar-se.» Estàs decidit a ser una persona digna i a lliurar-te per sempre de la frustració?

Posem llavors en pràctica aquells principis que t'ajudaran a dir: «No estic lligat a res, sóc lliure de la gent, i el que en algun moment va ser la meva frustració avui és la meva fortalesa.»

7. ESTRATÈGIES I FORMES PRÀCTIQUES PER GUARIR LA FRUSTRACIÓ I GAUDIR DE LA VIDA AL MÀXIM

- **Identifica tots els objectius que encara no has aconseguit**

  Si hi ha metes en la teva vida que encara no has aconseguit i t'adones que això et produeix angoixa i ira, aquests objectius no complerts són la font de la teva frustració. Descobreix-los, parla'n, però no reprimeixis les teves emocions ni intentis ocultar-les amb comportaments addictius o compulsius. Si és necessari, busca ajuda professional.

- **Busca objectius alternatius**
  Si has perdut un somni, per més gran que hagi estat, busca'n un altre i fes tot el necessari perquè es converteixi en realitat. Si el somies, si el veus primer en la teva ment, podràs assolir-lo. Transforma les teves necessitats en motivacions. Motiva't a tu mateix, no esperis que els altres ho facin. Repeteix cada dia frases com les següents: «No ho tinc, però ho tindré», «Sóc pobre, però algun dia seré ric», «Encara no ho he aconseguit, però estic segur que ho aconseguiré».

- **Accepta els obstacles que es presentin**
  No vegis un obstacle en el teu camí com una cosa impossible de superar, sinó com una oportunitat per usar la teva creativitat, per intentar una cosa nova que no has provat mai, per millorar i créixer. Una crisi pot ser la millor oportunitat de canvi en la vida d'una persona. Sigues positiu i estigues expectant davant la possibilitat de coses bones fins i tot enmig de les dificultats. No esperis que les circumstàncies del teu voltant canviïn. Canvia tu primer!

- **Dóna't permís per cometre errors**
  Cometre errors no és la fi del món. Capitalitza'ls, aprèn-ne. Converteix-te en una persona sàvia i canvia els pensaments de derrota per pensaments d'èxit.

- **Allibera't de tota culpa**
  La culpa és un sentiment perjudicial que et roba el riure, la pau, la seguretat en tu mateix i no et permet avançar en la vida. Treu-la de la teva vida.

- **No dipositis expectatives sobredimensionades en gent o circumstàncies**
  No esperis res de ningú. No idealitzis a ningú. Tots som éssers humans amb els mateixos defectes i les mateixes virtuts. Si esperes gaire d'alguna cosa o d'algú sempre acabaràs frustrat.

- **Concentra't en les coses que sí has pogut aconseguir fins ara**
  Els teus èxits són importants. Felicita't i encoratja't per ells. No necessites que una altra persona ho faci. Parla bé de tu mateix. Creu en tu mateix. No és una actitud d'orgull, sinó que t'ajuda a construir una autoestima sana i indestructible. Sigues la teva millor carta de presentació!

- **Sigues compassiu amb tu mateix. No et castiguis**
  No ets més ni menys que ningú. Ets tu mateix, un ésser únic i irrepetible, amb tot el millor que tens i fins i tot amb aquelles debilitats que, en treballar-les, es convertiran en els teus punts forts. Perdonar-se és aprendre a viure sense motxilles, sense càrregues, sense passat que ens faci mal i ens detingui. Perdonar-nos és alliberar-nos del dolor, de l'angoixa, dels records, i tornar a començar.

> **L'home que s'aixeca és encara més gran que el que no ha caigut.**
>
> **Concepción Arenal**

I, per sobre de tot, mai, mai no et donis per vençut.

Ja ho va dir Winston Churchill fa molt temps! Mai no diguis «sóc jove» o «sóc vell» per aconseguir els teus somnis. No ets vell per l'edat que tens. Ets vell quan no tens un propòsit clar en la vida i quan deixes de somiar.

Inspira't en la vida i els èxits d'aquestes persones:

- Tiger Woods tenia tres anys quan va fer nou forats en quaranta-vuit cops.
- Mozart tenia vuit anys quan va compondre la seva primera simfonia.
- Bill Gates tenia dinou anys quan va fundar Microsoft.
- Shakespeare en tenia trenta-un quan va escriure *Romeo i Julieta*.
- La mare Teresa tenia quaranta anys quan va fundar les Missioneres de la Caritat.
- Winston Churchill tenia seixanta-cinc anys quan va ser nomenat primer ministre.
- Nelson Mandela en tenia setanta-un quan fou alliberat de la presó sud-africana on estava reclòs i, quatre anys després, va ser elegit president de Sud-àfrica.
- Chihiro Araya tenia cent anys quan va escalar la muntanya Fuji!

És possible lliurar-se de la frustració. Renuncia a l'enuig, a la tristesa, a la culpa en la teva vida. No permetis que segueixin robant la teva alegria i les teves ganes de viure.

Si has perdut les teves metes i els teus somnis pel camí, recupera'ls. Lluita per les coses que vols aconseguir.

No importa quantes vegades ho hagis intentat i hagis fracassat. Si et vas equivocar, torna a intentar-ho. En realitat, només fracassa aquell que mai no intenta res. No abaixis mai els braços.

No importa que altres hagin arribat abans. Mai no és tard. És igual quant temps has estat a terra. Aixeca't.

Que els obstacles que es presentin serveixin només perquè surti alguna cosa nova de tu: noves idees, noves oportunitats, noves forces. Creu en tu mateix i espera sempre el millor de la vida. Eixampla la teva visió. Que res no t'impedeixi arribar al cim!

Pots sentir-te frustrat si fracasses, però et sentiràs inútil si no ho intentes.

Beverly Sills, cantant d'òpera

11

EL DOL TÒXIC

> No confonguis patiment amb amor, ni superar el dolor amb oblit...
>
> MARGARITA ROJAS

Cada emoció i cada sentiment poden ser viscuts de diferents maneres i amb diferent intensitat. Cal cuidar el nostre interior de manera que ara, en el moment del dolor, puguem tenir les forces necessàries per superar-lo i no romandre-hi evitant que es converteixi en una emoció tòxica.

1. APRENDRE A VIURE, D'AIXÒ ES TRACTA...

Els éssers humans, tots sense excepció, travessarem diferents cicles de vida. Cicles d'alegria i amor, cicles de dolor, d'angoixa i de dol.

Tots, en algun moment, travessarem diferents temps. Com

Jo sóc un home que sap.
He estat un home que busca,
i encara ho sóc, però ja no
busco en les estrelles ni en els
llibres: començo a escoltar
les ensenyances que la meva
sang murmura en el meu
interior...

Hermann Hesse

diu el llibre de l'Eclesiastès, **«tot té el seu temps»**. En tots aquests cicles de la vida, passarem per transformacions, adaptacions, aprenentatges, lluites, dolors i gaudis. I tots, sense excepció, travessarem dos cicles vitals: un moment de néixer i un moment d'anar-nos-en (de familiars, d'éssers estimats, fins d'un mateix).

Naixem i creixem, i en tot aquest procés ens transformem en persones, amb sentiments i un potencial que ha de ser alliberat per viure i ser feliços, i no tan sols sobreviure.

Saviesa és saber elegir.

En la vida quotidiana tindrem un llarg camí per recórrer i construir que dependrà de la forma com omplim el nostre interior i de la forma com elegim relacionar-nos amb els altres.

El fet d'estar vius ens converteix en éssers vulnerables i sensibles a cada emoció que flueix des del nostre interior i que s'expressa a través del que percep al seu voltant. Per això **nosaltres som els responsables de com elegim viure la nostra vida**. Ningú no està capacitat per elegir per nosaltres. Necessitem assumir el risc de viure, i només nosaltres podem decidir com hem de fer-ho.

En aquest trajecte de la vida trobarem dificultats, dolors, angoixes, pèrdues, però també disposem de l'habilitat emocional i cognitiva per sobreposar-nos i fins i tot sobreportar aquells moments que pensàvem que no toleraríem.

El més sa en cada cicle o etapa de la vida és manifestar les nostres emocions en lloc de romandre lligats a fets o circumstàncies determinades i a persones amb les quals no hem pogut tancar els nostres vincles.

Romandre tancats en una mateixa emoció tòxica no ens permetrà seguir vivint, aprendre i millorar com a persones.

Viure, i no sobreviure, d'això es tracta. La diferència entre les dues coses dependrà del control i de l'autocontrol de què cada un de nosaltres disposa per fer-se càrrec de la situació per la qual estem travessant.

2. Les pèrdues

Tota pèrdua del passat sense tancar es transforma en un pes que no em deixa alçar el vol, en una emoció tòxica que no em permet avançar.

Tots hem patit en alguna ocasió una o diverses pèrdues. Estadísticament, es calcula que els éssers humans podem tenir durant la nostra vida al voltant de quaranta pèrdues emocionals diferents: perdre un amic, un xicot, una parella, un divorci, la mort d'un fill, canviar de casa o de lloc, canviar de col·legi. Es tracta de diferents nivells de pèrdues i d'absències, però totes elles són pèrdues emocionals al capdavall.

Aguantar no tanca les pèrdues.

Els éssers humans vivim lligant-nos a les coses i a les persones afectivament, solem posar-hi una gran part de nosaltres mateixos a través d'expectatives, il·lusions, confiança, amistat, paraules, emocions, vincles. Per això, quan perdem un ésser estimat, sentim que alguna cosa de nosaltres mateixos se n'ha anat amb ell. ***Com més amor, més dolor.***

El tipus de vincle que hàgim tingut amb aquest ésser que avui ja no hi és podrà augmentar el dolor de la pèrdua. Per exemple, si veiem per televisió com han matat una persona a la qual no coneixíem, segurament aquest fet ens impactarà i ens commourà, però no de la mateixa manera que si la persona hagués estat un ésser estimat. Necessitem entendre que, ***com més gran és el vincle, més intens serà el dol.***

Davant d'una pèrdua, encara que sigui part de la vida, apareixerà el que els psicòlegs anomenen **dol.**

El dol descriu el moment en què una persona alberga un combat intern: una part d'ella accepta la pèrdua enfront d'una altra que no l'accepta. Llavors, com que aquests sentiments enfrontats li generen conflicte, comença la lluita. Però tots, encara que no ens causi plaer haver de viure-ho, necessitem el dol. En psicologia entenem el dol com l'intent que fa la persona per acceptar la pèrdua i per portar a terme els canvis corresponents en el seu món interior (l'absència de la libido de l'objecte perdut). Però, amb el temps, el subjecte ha de tornar a les conductes pròpies que es tenien abans de la pèrdua i reprendre el control de la seva vida.

Davant la pèrdua d'un ésser estimat, el dol és un procés normal que segueix les etapes següents:

1. El reconeixement de la pèrdua
2. El dol pròpiament dit
3. La tornada a la vida de sempre

El dol és un procés normal que es desenvolupa després d'una pèrdua i cal que el visquem i el superem.

No obstant això, hi ha diferents tipus de dols. Vegem-ne alguns:

- **El dol patològic**
  Com ja hem dit, en el dol normal sobrevé una acceptació de la pèrdua de l'objecte (cosa o persona). En el dol patològic, aquesta pèrdua no s'accepta i es recorre a diferents mecanismes per eludir-la. Els dos tipus bàsics de dol patològic són la negació del dol, és a dir, aquí no ha passat res, res no ha canviat, i la intensificació del dol.

- **Negació del dol**
  Aquesta mena de dol l'experimenta la persona que pateix una pèrdua i no aconsegueix expressar l'emoció que li ha causat. En general, els homes solen ser més propensos a guardar aquesta mena de dols. Solem reprimir-nos, empassem, aguantem: «Els homes hem de ser forts, no plorar, no expressar.» Llavors, racionalitzem la situació per no expressar el que veritablement estem sentint. Però tot això és fals, els homes també podem plorar i és sa que aprenguem a respectar els temps dels dols. Moltes persones consideren que viure i sentir aquest dol és un senyal de debilitat; per això actuen «com si no», com si no hagués mort,

com si no sentissin dolor, por, angoixa, etcètera, sense adonar-se que el no permetre's sentir el que de veritat els està passant acaba danyant el seu cos i la seva ànima.

- **Dol intensificat**

Es produeix quan la persona no reprimeix l'emoció que està sentint sinó que la deixa anar tota. Plora, crida, sent ràbia, angoixa, dolor, culpa... Aquí la simptomatologia és oposada a la de la negació del dol. La intensificació del dol porta a la depressió i moltes vegades a certes alteracions de tipus emocional.

Davant de la pèrdua, la persona reacciona expressant les seves emocions de forma descontrolada. Segons Freud, la melancolia és la manifestació del dol patològic. Els símptomes més comuns en aquest cas són: insomni, malestar, anorèxia, culpa, autoretrets intensos, idees suïcides, aïllament, etcètera. I aquestes situacions se succeeixen de manera cada vegada més accentuada i persistent.

- **Dol ambigu**

És aquell dol que es produeix quan no se sap si la persona ha mort o no. Aquest pot ser el cas d'una persona desapareguda, d'una persona segrestada, d'un marit que se'n va anar i no ha tornat, d'un pare que és viu però el fill del qual no sap on és, i el cas d'un noi que sap que va ser adoptat però ignora on són els seus pares biològics.

A aquesta mena de dol també se'l coneix com a *dol congelat*, és a dir, la persona sent alegria, però a la vegada dolor per no poder tancar o entendre una determinada etapa de la seva vida.

Per un altre costat, John Bowlby, en el seu llibre *La pèrdida afectiva*, sosté que el dol patològic posseeix les següents característiques:

- Anhel inconscient de la persona perduda
- Retret inconscient contra la persona perduda amb autoretrets conscients i inconscients
- Cura compulsiva d'altres persones
- Incredulitat persistent que la pèrdua sigui permanent

Per comprendre millor per què sentim el que sentim, hem de tenir en compte que els factors que afecten la durada i la intensitat del dol poden ser: les causes i les circumstàncies de la mort, la identitat i el rol de la persona perduda així com l'edat i el sexe de la persona que ha patit la pèrdua i el seu tipus de personalitat.

Sigui quin sigui el dol que decidim passar, aprenguem que el «dolor no és un estat, sinó un procés».* Necessitem tenir un lloc i un temps per poder viure aquest dolor, perquè, en fer-ho, ens haurem reconciliat amb la vida.

3. QUÈ ÉS EL DOL?

«El dol és una forma de respondre a la mort d'un familiar, de mostrar a l'exterior la pena per la pèrdua. El dol és la manifestació visible del dolor, que regularment ha estat a través de la manera de vestir, i encara que afecta fona-

* *http://tanatologia.entornomedico.net*

mentalment la roba, també afecta els costums i la vida quotidiana.»*

El dol és un fet cultural.

En l'Antiguitat, les persones que passaven per aquests moments de dol es tiraven cendres pel damunt i s'esquinçaven la roba.

Temps enrere, guardar el dol era un tema rigorós i important i, si no ho feies, se sospitava que aquesta mort no significava res en la teva vida.

Quan les dones estaven de dol, no es podien pintar els llavis, ni les ungles, ni usar roba ajustada. Les dones índies, quan perdien el seu home, es tallaven els cabells i, quan tornaven a tenir-los llargs, s'havia acabat el dol.**

El color negre era el color del dol i encara continua essent-ho per a moltes persones. En alguns llocs hi ha les ploraneres; en altres es porten a terme les vetlles; en altres canten, etcètera.

Avui sabem que l'important en el dol no és si et vesteixes de color blanc o de color negre, si plores una setmana tancat a casa teva, a l'església o si mostres al món que estàs malament per l'absència d'aquest familiar. L'important és el dol mateix, és saber que les pèrdues es pateixen a l'inte-rior de l'ànima de cada persona i que cadascú pot elegir com viure'l.

La diferència en com vius el dol no és si et maquillaràs o no, si aniràs a veure el partit de futbol o no, sinó reconèixer que és un moment difícil pel qual necessites passar, per després acceptar, perquè en el moment just tornis a viure la teva vida en pau i amb alegria.

* Ibídem.

** «El dol de les viudes» en *http://www.agustincelis.com.*

4. Mites sobre el dol

És interessant observar que, quan érem petits, a tots ens van ensenyar a conquerir, a guanyar i a aconseguir coses, però **ningú no ens va dir què havíem de fer quan perdem les persones que estimem.** I el que és pitjor, ens van ensenyar malament sobre què hem de fer davant d'una pèrdua. «Els mites relacionats amb la mort són afirmacions que considerem veritables, però que no tenen cap evidència científica que les sustenti. En el dol, aquestes "afirmacions enganyoses" ens fan pensar que estem ajudant el dolgut a elaborar la pèrdua i, no obstant això, li provoquen la sensació de no ser comprès pel seu entorn social immediat.»*

Identifiquem alguns hàbits erronis que ens han ensenyat o hem incorporat en les nostres llars, directament o indirectament, conscientment o inconscientment, sobre com actuar davant de les pèrdues afectives:

- ***Pots reemplaçar les teves pèrdues***
  Llegia sobre un noi que de petit tenia un gosset i el gosset es va morir. El nen va començar a plorar amb una angoixa impressionant i els seus pares li van dir: «No ploris, et comprarem un altre gosset.» Aquí trobem dos missatges que van ensenyar a aquest nen sobre les pèrdues:
  Primer: «No ploris.» «No expressis el teu dolor, aguanta.» Amb aquest ensenyament, quan el nen comenci a créixer, reprimirà i evitarà expressar tot el que signifiqui dolor i plor, perquè de petit li van donar l'ordre de «no plorar».

* *http://www.duelo.org/trauma_en_duelo.html.*

Segon: «Es pot reemplaçar.» Una altra història explica que un adolescent es va barallar amb la nòvia i que plorava desconsoladament, per la qual cosa la seva mare, per no veure'l patir més, li va dir: «Hi ha molts peixos en l'oceà.» El que aquesta mare li va voler dir va ser: «Fill, no ploris per aquesta noia, hi ha centenars de dones més.» És a dir, es pot reemplaçar i, per tant, cal que reemplaci aquest dolor per la presència d'una altra dona.

Inconscientment, a través d'aquests missatges adquirits, creixem pensant que aquelles pèrdues que hem viscut es poden reemplaçar. Suportem la mort d'un fill tenint un altre fill. Si la nostra parella ens ha abandonat o ha mort, triem, sense permetre'ns guardar el dol, el primer home o dona que aparegui per no sentir-nos sols i adonar-nos de la seva absència. Reemplacem la mort d'una mare o d'un ésser estimat atipant-nos de menjar, ofegant-nos amb feina i més feina, etcètera. El tema és no pensar, no patir les pèrdues.

Ens van ensenyar a reemplaçar les pèrdues, pensant que amb això evitaríem patir el dolor que ens causen les absències.

- ***Si pateixes, fes-ho sol***
  Per exemple, quan algú plora en un col·legi, el treuen de l'aula i el porten a un lloc aïllat perquè estigui sol, perquè el missatge és: «si vols plorar o expressar dolor, ha de ser en soledat». Els pares també contribueixen a reforçar aquest missatge dient: «Si estàs malament, vés a la teva habitació.» I el mateix passa davant d'un dol. No volem plorar davant de ningú per no incomodar l'altre. Llavors, plorem sols, perquè el

missatge és «si rius, riuran amb tu, però si plores,ploraràs sol».

- ***El temps curarà les ferides, aviat et passarà el dolor***
  Si has patit pèrdues importants, segurament t'has adonat que el temps no cura res. Poden passar anys, potser tota la vida, i tot i així seguir amb el cor ferit.

- ***D'aquí a una setmana ja t'haurà passat***
  També és un mite creure que el dol ha de durar una certa quantitat de temps, ja que no existeix una durada exacta. El dol és personal. El que sí succeeix a mesura que el temps transcorre és que la libido de l'objecte perdut es retira lentament i prepara la recuperació de les relacions interpersonals. El caràcter dolorós de la figura del dol és degut justament a l'anhel persistent de la figura perduda, és la necessitat de recuperar la persona estimada. Aquesta necessitat de recuperar la persona perduda s'expressa amb les més variades emocions, des de la vigilància i espera fins al plor. Fins i tot en el dol normal apareix la ira, sovint inconscient, contra la figura perduda i dirigida cap a una altra persona, sentiment que està relacionat amb la impotència de la situació.

- ***Has de ser fort***
  «Sigues fort, aguanta.» La persona que compleix aquesta ordre és la primera que pateix les conseqüències en el seu cos: infarts, úlceres, etcètera. És la persona que, davant d'un dol, una mort, una pèrdua, diu: «No puc afluixar, perquè, si cedeixo, tot això se n'anirà en orris.» I ella és la primera que cau malalta. El fort intenta seguir sent-ho en tots els seus rols: es di-

vorcia, perd feines, es muda d'un costat a un altre, però ha de ser fort i permetre que tot el dolor vagi per dins perquè ha adquirit aquest hàbit equivocat davant del dolor; «sigues fort», com si el plor fos un signe de debilitat.

- ***Has de distreure't***
  Has de sortir una mica més. Vés al cine, surt, distreu-te. **La diversió o estar ocupats ens distreu, però no ens cura les ferides.** El tema és atordir-nos per no pensar, distreure'ns o omplir-nos d'activitats, sense adonar-nos que, fem el que fem, si no guardem el dol, en algun moment aquest dolor tornarà a ferir les nostres emocions.

El més important és reconèixer que els dols fan mal; no obstant això, cal fer-los.

Potser ens sentim culpables per refer-nos ràpidament davant una pèrdua i ens castiguem pensant que el normal és estar malament molt temps, recordant aquesta persona que ja no hi és. I pensem: «Si ell ja no hi és, si s'ha mort, com puc anar jo al cinema?, com continuaré vivint jo i ell no?»

Molts decideixen morir amb la persona que avui ja no hi és. No obstant això, aquesta decisió no alterarà ni canviarà el que ha succeït. Necessitem deixar anar el dolor i també aquests éssers estimats que ja no estan amb nosaltres.

«Una cosa és l'evocació afectuosa i una mica nostàlgica, o el serè i tendre record que mai pot desaparèixer si hem estimat algú, i una altra cosa és una esclavitud interna, quan a causa d'aquesta afecció deixem de viure, deixem de créixer, ens anul·lem i ens posem malalts, la vida perd sentit. Ha passat el temps i ja no som capaços de gaudir i de crear.»*

I pensem que així, deixant de gaudir i de viure, rendim culte als que ja no hi són, però això és fals. Els que estem vius hem de seguir creixent, tornar a posar-nos drets i començar de nou. La vida és molt valuosa per deixar-la passar sense esprémer-la fins que ja no quedi res per fer. Mentre estiguis viu, tindràs forces per aixecar-te i començar una altra vegada. Potser aquesta vegada ho hauràs de fer de manera diferent i amb persones diferents, però podràs ferho. Estàs davant d'una etapa nova i diferent, però et tens a tu mateix per començar-la, perquè estàs viu i hi ha molts més somnis per complir i conquistar. Deixem anar el dolor, el record, el dol, no ens hi enganxem i no ens castiguem per una cosa de la qual no som culpables. Deixem anar el que ja ha passat i donem la benvinguda al que és nou, acceptem tot el que és nou i que la vida ens ofereix. No ens tanquem.

Jaime Barylko deia: «És millor no fer monuments de les nostres experiències més intenses, perquè llavors les matem, les tornem inèrcia i record fix i immutable. Els monuments han de reemplaçar-se per moments. Moment és el que es mou, el riu en acció...»**

I la teva vida és això, un riu, un llit de riu que sempre està en moviment, en acció, i que ningú, excepte tu, pot aturar.

Segons Víctor Fernández, «després de viure una cosa intensament s'ha de deixar anar, s'ha de passar a una altra

* Víctor Manuel Fernández, *op. cit.*, p. 9.

** Jaime Barylko: *El significado del sufrimiento*, Buenos Aires, Bonum, p. 30-31.

cosa, com dient: "Seguim caminant, no ens detinguem en les tombes."»*

La teva decisió marcarà la diferència. Les persones afirmen que el temps canvia les coses i les circumstàncies, però en realitat l'únic que pot originar un canvi ets tu mateix. El canvi has de fer-lo tu.

I recorda que, per viure en llibertat, no podem romandre lligats al passat, al que va passar i als records. Deixa'ls anar, respira fondo i torna a caminar...

5. NINGÚ NO POT POSAR-SE EN LES TEVES SABATES

El dolor és únic. No intentis mai que algú entengui el teu dolor perquè el dolor és teu. Ni tan sols una persona que ha perdut un fill o s'ha divorciat, o s'ha mudat o ha patit alguna pèrdua, pot comprendre el teu dolor, perquè el teu dolor i la teva emoció són exclusius i neixen d'aquesta relació exclusiva i única que tu tenies amb aquesta persona que avui ja no està amb tu.

La gent pot intentar comprendre una part del que t'està passant, però ningú no pot sentir el mateix que tu, perquè el dolor que tu sents és únic i et correspon passar-lo i viure'l a tu. I aquest dolor que has passat, o potser estàs passant, necessites treure'l. El dolor no s'ha d'amagar, no s'ha de justificar, no s'ha d'explicar, només escoltar-lo i després deixar-lo anar. El dolor no necessita res, excepte sortir. **El dolor necessita ser escoltat. El dolor s'ha d'esgotar.**

Quan passem per una pèrdua, pateixes dolor i aquest dolor que sents és dolor i no hi ha res més a dir.

* Víctor Manuel Fernández, *op. cit.*

No obstant això, com que davant el dolor ens sentim impotents, pretenem dir alguna cosa, volem opinar, volem interpretar, racionalitzar el dolor i ens oblidem que el dolor que sentim davant d'una pèrdua i davant un fet traumàtic és normal.

El dolor no és el problema, el problema són les ***emocions no curades.*** El problema hi és quan ha quedat una relació inconclusa, sentiments no expressats o paraules no dites, és a dir, quan les nostres emocions no es van tancar i sentim que ens va quedar molt per fer i per dir. Per vergonya, per ràbia, perquè es va morir, perquè no vam poder, perquè no vam voler, és igual, però totes aquelles emocions que no van ser expressades queden arrelades i poden transformar-se en una ferida oberta, si no les guarim.

No obstant això, sempre hi ha alguna cosa que podem fer. Pots buscar una persona significativa en la teva vida i dir-li o escriure-li una carta amb totes aquelles paraules que no es van dir, no et quedis res a dins. Després de fer-ho sentiràs com si t'haguessis desfet d'una gran motxilla. Perdona i, si és necessari, perdona't i torna a somiar i a projectar-te en el futur. I ara sí, no tanquis ni les teves emocions ni les teves paraules, allibera-les. ***No reprimeixis el dolor, aquest dolor ha de sortir.***

Concentra't en el que està a l'abast de les teves possibilitats d'ara endavant, no et centris en el dolor, la frustració i la culpa.

Perseverar i no abandonar ens permetrà continuar movent-nos i millorar-nos. El fet de moure'ns ens possibilitarà, en un determinat moment, avançar i superar aquesta tristesa que semblava no acabar mai.

Si t'has decidit per la teva vida i per superar el dolor, recuperaràs la teva energia i la teva fortalesa. I no tan sols superaràs tot el dolor pel qual estàs passant, sinó que sortiràs amb un caràcter més desenvolupat i un potencial que et permetrà assolir llocs i persones que mai no havies imaginat.

Aquesta és la història de la Helen i és una història verídica. La Helen tenia un somni: estudiar Dret, però, quan el seu pare va morir, els seus plans es van esvair i va haver de buscar feina en una companyia elèctrica.

Allà es va enamorar d'un jove que es deia Franklin Rice. Amb el temps es van casar, però al cap de poc de casar-se, amb la caiguda de la borsa el 1929, el jove es va suïcidar.

La Helen va continuar treballant, malgrat el dolor pel seu marit, per la seva carrera frustrada. I encara més: patia una malaltia degenerativa summament dolorosa. Però, malgrat tot, la seva feina era redactar targetes de felicitació i, de vegades, escrivia.

Un dia, algú va llegir una de les seves targetes i, de sobte, la seva vida va canviar. La van contractar pels seus escrits. Tots recitaven els seus poemes i, a partir de llavors, va vendre més de set milions de llibres.

Hi ha un poema que la identifica i, justament, el va publicar abans de morir. La seva última estrofa diu:

Així que, descansa, relaxa't i enforteix-te.
Deixa't anar i deixa que Déu porti amb tu
la teva càrrega. La teva tasca no està completa
ni ha acabat. Només has arribat
a una corba del teu camí.

La teva decisió marcarà la diferència. Les persones afirmen que el temps canvia les coses i les circumstàncies, però en realitat l'únic que pot originar un canvi ets tu mateix. El canvi has de fer-lo tu.

6. Interrogants davant el desconegut

En la vida hi ha dues pors bàsiques que comparteixen la majoria de les persones: com ens morirem i què succeeix després de la mort. El temor és part de la nostra naturalesa. Des del Gènesi, l'home ha sentit por davant el desconegut. Fins i tot els que han aconseguit l'èxit, en algun moment, han sentit por. La diferència és que aquesta emoció no els va detenir ni els va paralitzar.

> **El que més temo és el temor.**
>
> **Montaigne**

En tots els pobles trobem la idea d'una vida futura, des dels aborígens d'Austràlia, amb la seva teoria de la constant reencarnació, passant pels esquimals, que consideraven que les ànimes anaven al submón, fins al budisme i l'islamisme. La idea d'eternitat està en la ment humana, i aquesta idea ha portat l'home de tots els temps a creure i a imaginar de mil maneres diferents una vida eterna, un més enllà.

Per a alguns pensadors dels segles XIX i XX, la idea d'eternitat és considerada la projecció d'un desig (Feuerbach) o una vana esperança per als oprimits (Marx) o una regressió a la immaduresa (Freud).

Més enllà de les creences i els interrogants, la mort ha de ser encarada d'acord a com va ser encarada la vida. La pregunta llavors no és ***quan moriré***, sinó ***com he de viure fins que mori*** i ***com estic invertint la meva vida avui***.

Segons el rabí Harold Kushner: «La vida és com un pot de cafè. Quan tens el pot ple, n'agafes grans i els pots repartir; però quan al pot en queda una miqueta menys de la meitat, ja no reparteixes el cafè amb tanta facilitat perquè en tens poc. Així és la vida, se te n'ha anat la meitat i a alguns una miqueta més. Quan un és jove, viu la vida boja i regala el temps, però quan el temps avança i el pot es va buidant, un ja no té tant temps per perdre.»

Has d'aprendre a administrar els teus dies i viure'ls en pau.

Aprèn a tancar totes les pèrdues i, una vegada fet això, pensa en el teu present i en el teu futur. Eixampla el teu somni, aquest somni ha de ser el motiu pel qual t'aixequis, pel qual caminis, pel qual parlis. I ha de ser tan, però tan gran, que només pensis que el millor i les postres encara estan per venir.

7. COM ACOMPANYAR DURANT UN PROCÉS DE DOL

M'explicava un jove que, mentre estava en una festa va recordar un familiar al qual havia perdut i es va sentir molt malament. Un amic que estava al seu costat, amb el millor bon cor, li va dir: «Això no és res, anem, pensa en una altra cosa, passa-t'ho bé.» I aquell jove va començar a plorar sense parar fins que se li va acostar un altre amic que es va asseure al seu costat i li va preguntar què li passava, i el noi va començar a explicar-li tot.

En aquesta situació, el jove va escoltar el seu amic, va estar al seu costat mentre va plorar, i l'únic que va fer va ser abraçar-lo. El jove li va dir: «Gràcies, era això el que necessitava.» I va tornar a la festa i va poder gaudir d'aquell moment.

Davant el dolor, com ja hem dit, no és necessari explicar res, només acompanyar i consolar. Ningú no pot sentir el que l'altre està sentint. Potser aquesta impotència que sentim de veure, per exemple, un ésser estimat com pateix ens fa dir-li: «Bé, ja està, aviat passarà, no ploris més», perquè aquest dolor a nosaltres també ens afecta i no volem veure'l així.

Per consolar una persona en el moment de dol, no cal que li expliquem res, sinó que el consolem. Consolar és escoltar sense jutjar, és ser-hi; és escoltar, acompanyar sense fer res.

Com a amics, hem d'animar la persona a treure el seu dolor, que ens expliqui el que vulgui, que recordi, que senti i s'expressi amb llibertat, perquè madurar és aprendre a deixar anar el passat.

És important aprendre a demanar ajuda. Si som amics seus, hem de demanar-li que ens digui què li fa bé i què no. En aquestes circumstàncies, algunes persones desitgen que els truquin, mentre que altres prefereixen un temps de silenci. Respectem els seus temps i el seu dolor. Si sabem acompanyar-los, ells sabran que no estan sols i que tu estàs al seu costat per donar-li la mà que necessita.

Per guarir les ferides...

Judy Tatelbaum, autora de *Valor para afligirse,* escriu: «Recobrar-nos totalment d'una pèrdua significa acabar o desprendre'ns-en totalment. Recobrar-nos de la mort d'una persona estimada no és eliminar l'amor o els records, sinó que significa acceptar la seva mort, que disminueixin el dolor i la pena, i sentir-nos lliures per ocupar-nos de nou de la nostra vida.»

> **En el dol haurem de desprendre'ns finalment de la nostra dependència de la persona que se n'ha anat, però podem conservar el nostre amor per ella.**
>
> **Christine Longaker**

Com podem recuperar-nos de les pèrdues, ja siguin divorcis, relacions o morts?

Com ja hem dit, cada persona ha de guardar el seu dol. Aquest procés és totalment personal, i no existeix un model a seguir, sinó pautes que indicaran que la pèrdua ja ha estat superada.

- **Allibera el dolor**, no romanguis tot el dia lligat al dolor. Aprèn a treure les imatges negatives, tristes, de l'àlbum de la teva ment. No carreguis amb motxilles, són pesades, deixa-les a un costat, i segueix caminant en llibertat i en pau.

- **Després, confessa't.** La confessió és l'acció de disculpar-se pel que has fet o has deixat de fer. Mentre continuïs defensant el dret de tenir raó, trobaràs un obstacle en el procés de curació de les teves emocions. Hi ha tant poder en la confessió, en el fet de dir «vaig fer una cosa dolenta», «vaig dir allò», «no et vaig visitar a l'hospital», «m'he equivocat», «no t'he donat les gràcies», «vull disculpar-me»... La Bíblia diu: «Si ens confessem els uns als altres, ens curarem.» Potser necessites demanar disculpes, perquè durant un divorci, en una pèrdua, davant una mort vas reaccionar impulsivament i avui penses: «Com m'agradaria haver-li-ho dit, necessito treure això, necessito dir-ho a algú.» Fes-ho avui, no t'aturis i allibera't d'aquesta culpa amb la qual carregues.

- **Perdona.** És un acte alliberador, poderós, en què el que perdona és el que rep la llibertat. Moltes persones no desitgen perdonar perquè pensen que perdonar seria donar la raó a l'altre. No obstant això, el perdó és una decisió personal independent de qui hagi tingut la culpa.

Perdonar no és justificar l'altre. No té a veure amb el que va fer l'altre, sinó amb la teva resposta.

Perdonar tampoc no és oblidar. Sempre recordaràs aquella situació difícil. La qüestió és el que sents cada vegada que aquest record ve a la teva ment; si has perdonat, sentiràs pau.

Perdonar no és minimitzar, sinó guarir aquest dolor. Això succeeix malgrat el mal que t'hagin causat. Perdonar és deslligar aquesta gent de la teva vida. Perdonar és deixar anar un presoner i descobrir que el presoner eres tu.

Perdonar és un acte que et fa tancar el passat per poder endinsar-te lliurement en el teu futur. Perdonar és un acte que et permet tancar etapes. Potser va ser un divorci, una separació, una baralla, i hi ha rancor en la teva vida. Et costa perdonar perquè la ràbia que sents et dóna poder. Quan estem enfadats, ens sentim forts, i la ràbia et fa sentir poderós, però al mateix temps t'impedeix tenir intimitat. Però perdonar és justament alliberar aquest enuig, perquè perdonar és un acte de grandesa, ***només els prínceps perdonen***. Potser hauràs de perdonar pares, fills, amics... Hem d'aprendre a perdonar, perquè a la vida sempre hi haurà gent que et farà mal i recorda que moltes vegades nosaltres, encara que sigui sense adonar-nos-en, també ofenem els altres.

- **Fes declaracions emocionals importants**. Hi ha persones que necessiten fer una declaració emocional. Avui és el moment d'expressar això que vas voler dir i no vas dir. Potser estàs pensant: «Sempre havia volgut

> No pots guiar el vent, però pots canviar la direcció de les teves veles.
>
> Proverbi xinès

dir al meu pare que l'estimava i no li ho vaig dir mai»; «mai no vaig dir a la meva mare com d'orgullosa estava d'ella, i ara ella ha mort i em sento malament...». Fes-ho ara. Quan ho facis, estaràs a punt per tancar aquesta pèrdua. I quan tanquis les pèrdues, estaràs a punt per viure en llibertat.

Quan hagis tocat fons, quan hagis esgotat aquest dolor, recorda que no hi haurà més fons, que no podràs caure més. I aquest fons serà el punt de suport en el qual tornaràs a aixecar-te. **Visquem una vida amb sentit.**

1. **La vida té sentit quan la inverteixo en els altres**
   És quan donem, oferim i compartim que la nostra existència adquireix sentit. Aquesta és una manera de cuidar, estimar i respectar la vida. Si la vida gira al voltant d'un mateix, es torna buida i egoista.

2. **La vida pren sentit quan la visc amb la major intensitat possible**
   Moltes vegades la vida es consumeix en coses sense sentit. Romanem estancats molt temps en el passat, en els errors comesos i en les pèrdues que hem patit. O mirem el futur carregant-nos d'ansietats i de pors pel que ha de succeir en lloc de viure un present ple de possibilitats, gaudint de l'ara i aquí i aprofitant cada moment, cada minut com si fos l'últim.

3. **La vida pren sentit quan l'enriqueixo**
   Molts arriben a la vellesa i a la mort amb angoixa i depressió en veure que la seva vida ha passat i està

buida, i que l'han omplert amb experiències vanes, sense resultats, sense somnis concretats. Altres, en canvi, arriben a la vellesa i a la mort amb un cúmul d'experiències tan significatives i transcendents que, mirant enrere, poden veure una vida viscuda amb majúscules.

Per tot això, mentre tinguem vida, visquem cada dia tan intensament com si fos l'últim.

12

EL PLOR TÒXIC

> No hi ha res dolent en el fet d'expressar el nostre dolor, però si ens hi aferrem es converteix en un càstig que ens imposem a nosaltres mateixos.
>
> ELISABETH KÜBLER-ROSS

Plorar ens fa bé quan necessitem expressar el nostre dolor, i fer-ho en el moment adequat pot brindar-nos una sensació d'alleujament o «descàrrega» emocional. En aquest capítol veurem que no es tracta d'aguantar-nos les ganes de plorar, perquè «de vegades» és bo. No obstant això, cal saber administrar les nostres llàgrimes perquè el plor no es torni una resposta immediata davant la frustració i d'aquesta manera passi a convertir-se un estat tòxic en el qual ens tornem vulnerables i víctimes de tot.

Utilitzant el plor a poc a poc hem anat perdent la capacitat resolutiva enfront de les circumstàncies i ens hem enredat en l'autocompassió. Llavors, la pregunta és: «Com ho podem fer per no plorar sempre?»

1. QUÈ ÉS I QUÈ NO ÉS EL PLOR?

El plor és el primer sistema de comunicació que tenim. Naixem plorant. El bebè, per comunicar dolor, gana, son, cansament, incomoditat, què fa? Plora. Si aquest plor no s'atura a temps, el nen va creixent i utilitzant el plor per manipular. I després, en l'edat adulta, en lloc de tallar o reemplaçar el plor per una conducta efectiva, continuem plorant, perquè el plor és una conducta automàtica, apresa; i el més important que hem de tenir en compte és que el plor és un acte voluntari. Acte voluntari significa que pots fer-lo o pots deixar de fer-lo per la teva pròpia voluntat.

2. DE PLORAR, SE N'APRÈN, HO HEM INCORPORAT A TRAVÉS DE L'APRENENTATGE CULTURAL

Moltes persones hipersensibles a casa seva han rebut un entrenament per «viure patint» a través de les advertències dels seus pares: «la vida és difícil, la vida és dura, intenta aconseguir alguna cosa, però recorda que tindràs problemes, dificultats; prepara't per al patiment».

Amb aquestes ensenyances, la felicitat se'ls fa impossible; és com si assolir la felicitat fos una cosa il·lògica per a les seves vides, perquè van ser preparats culturalment per al patiment.

Avui en la nostra societat hi ha persones que se senten lligades a alguna cosa de la qual no poden escapar; estan paralitzades i atrapades per algun fet del qual no poden sortir. Utilitzen conductes repetitives, costums i hàbits que els han ensenyat per respondre a les situacions difícils, i una d'aquestes conductes apreses és **el plor**.

3. L'ORIGEN DEL PLOR ÉS UN «PENSAMENT» SEGUIT D'UNA «EMOCIÓ»

Hem de saber que cada emoció és producte d'un pensament anterior.

Quan reacciones amb plor és perquè abans has pensat alguna cosa que t'ha portat al plor, no ha estat la circumstància.

Els nostres pensaments ens fan riure o plorar. Cada pensament dóna com a resultat una emoció: si el pensament és negatiu, equival a plor, i si el pensament és bo i agradable, sentirem alegria. Per què? Perquè «cada emoció és producte d'un pensament anterior».

L'important en la vida no són els esdeveniments, sinó els pensaments que tens sobre el que està passant.

«... I si se'm mor algú?»: La teva reacció tindrà a veure amb el que pensis sobre la mort.

«... I si em quedo sense feina?»: La teva reacció tindrà a veure, no amb l'esdeveniment que és la pèrdua de la feina, sinó amb el pensament que tens tu, per exemple, si et consideres una persona capacitada per aconseguir-ne.

Aquí entren en joc els aspectes relacionats amb la imatge que tenim de nosaltres mateixos. Tots ens veiem d'una determinada manera. I segons com em vegi o senti, la imatge que portaré on vagi serà d'una manera determinada: si em veig incapaç, aquesta serà la imatge que transmetré a la meva feina, a la meva família i a tot arreu.

Tindràs reaccions emocionals diferents si penses de manera diferent. No és el mateix autoafirmar-te:

«sóc una pobra persona»,
«sóc víctima de la crisi global»,
«mai no aconseguiré refer la meva vida»,

que si penses:

«tot el que és gran comença petit»,
«una entrebancada no és una caiguda»,
«em vaig equivocar, però ho puc esmenar»,
«no em rendiré».

Perquè no són els esdeveniments els que determinen el meu estat, sinó els pensaments que jo tinc respecte a aquests esdeveniments.

4. VULL, PERÒ NO PUC

La nostra memòria intenta recordar si anteriorment ha viscut aquesta situació i com hi va respondre; per això, en aquesta nova situació, es preguntarà: «M'ha passat alguna cosa semblant abans?», «I com hi vaig reaccionar?». I llavors reacciones de la mateixa manera davant d'aquesta situació.

Si, quan tenies set anys, el teu pare et va cridar per alguna cosa i et vas posar a plorar perquè vas sentir que ell et cridava; ara, després de vint o trenta anys, quan algú et cridi per alguna cosa que fas, busques una escena semblant i automàticament repeteixes la mateixa conducta.

Hi ha persones que diuen: «Jo no puc deixar de plorar, a mi em surt, a mi em neix de dins...» Et pot sorgir de dins o el que sigui, però en tens el control; perquè és un acte voluntari. Si vols, plores, i si no vols, no plores.

No és que hàgim de contenir el plor, hi ha situacions en les quals tant sí com no plorarem; no és que el continguis, sinó que has d'aprendre que en cada situació que es produeix en la teva vida no has de respondre de la mateixa manera.

Hi ha situacions en les quals has de buscar noves respostes, i han de ser respostes efectives.

5. EL PLOR NO ÉS UNA SOLUCIÓ

De vegades, ens pensem que el plor ens protegeix i ens diem: «Si ploro, no discutiran més, no em cridaran més.»

Molts creuen que el plor serveix per a alguna cosa i diuen: «Si em veuen plorant, aconseguiré l'objectiu que persegueixo.»

El plor no és una resposta, és una conducta i no et dóna solucions per als conflictes que tens; plorant no aconseguiràs res en la vida; plorant no solucionaràs aquest problema important que tens.

6. DONAR AL QUE ÉS NEGATIU EL VALOR QUE ES MEREIX

T'ha passat alguna vegada que ho veus tot negatiu? «Crec que m'estic morint...», «Ara que no tinc feina, no tindré recursos per a res...», «Amb aquesta malaltia em quedaré invàlida».

Et vas fer una imatge d'un fet més negativa del que en realitat era, ho vas veure tot negatiu. Passem un moment difícil, veiem un parell de núvols, però en la nostra ment ens pensem que s'acosten la tempesta, la pluja incessant i la inundació... És una manera de veure les coses cada vegada més negatives. Ens encanta dir: «Ah, però no sap el que jo he passat, això sí que és greu i mereix la compassió de tots.»

Quan enmig del dolor comences a pensar en les coses

positives de la vida, faràs que el dolor es torni petit i l'esperança creixi.

Decideixo donar oportunitat a la llei de l'expectativa que diu que el meu futur serà com jo crec que serà.

El que ens repetim de manera constant, aquestes frases interiors que formulem cada dia, són responsables dels nostres estats d'ànim: de plorar o de riure.

El que et dius interiorment és responsable que ploris o riguis. Si et parles negativament tot el dia sobre aquestes circumstàncies, viuràs plorant; però si canvies la teva manera de parlar-te internament, gaudiràs de la vida.

Encara seria millor si aconseguíssim distingir entre **el plor inútil o tòxic** i **el plor útil.**

Hi ha **tres plors inútils** i **tres plors útils**:

- **Plor tòxic 1**
«Les llàgrimes de cocodril» o el plor manipulador

És el d'aquelles persones que ploren per canviar l'ambient. Per exemple, trobem mares que ploren així: «D'acord, si és que sobro en aquesta casa, me n'aniré... i on vagi, estaré en pau.»

També hi ha oradors que ploren per manipular; els encanta explicar anècdotes «lacrimògenes»: «Recordo quan estàvem en tal lloc, i no teníem res per menjar...» Es proposen fer llàstima i que la gent es compadeixi d'ells i, així, treure'n un benefici.

Però, d'on s'aprèn aquesta mena de plor? Dels bebès. El bebè plora per demanar alguna cosa.

Les estadístiques diuen que en els primers dos anys els pares senten plorar els seus fills dues-centes vegades. El bebè plora perquè li canviïn els bolquers, plora perquè l'abracin, plora perquè li donin menjar, etcètera.

És interessant saber que els bebès, quan ploren, ho fan sempre en el mateix to: do major. I de grans, anem afegint tons nous.

Descobreix que quan plora li responen i quan és gran vol fer el mateix; es diu a si mateix: «Si ploro, em donen el que necessito.» És un plor manipulador.

El cocodril és, de tots els animals, l'únic que té llàgrimes; però no plora per emoció, sinó perquè quan s'empassa la seva víctima, aquesta li pressiona les glàndules lacrimals. Per això la dita de les llàgrimes de cocodril es refereix a algú que fa mal i plora.

Hi ha persones que en posar-se malaltes quan eren petites, van rebre dels seus pares molta cura i amor, i així van associar que la malaltia porta consol i tendresa. En créixer, no saben demanar amor, recorren al dolor, es «posen malaltes», recorren a la llàstima per rebre una altra vegada abraçades.

Quan s'aprèn a demanar l'amor i no es recorre a la manipulació, la persona queda lliure del plor tòxic.

- **Plor tòxic 2**

«Les llàgrimes religioses que santifiquen» o el do de plorar

A l'edat mitjana es creia que les llàgrimes eren un do que s'havia de demanar a Déu.

Molts teòlegs d'aquella època deien que les oracions s'havien de dir plorant i havíem de demanar a Déu el «do del plor». La religió de tota una època va ser «teologia lacrimògena».

Sant Francesc d'Assís, quan era vell, va quedar mig cec per excés de plor.

Sant Benet deia que l'oració sincera era la que anava acompanyada de llàgrimes i que s'havia de demanar «el do de llàgrimes». No el do de prosperar, no el do de curar malalts, res d'això, sinó el do del plor.

I nosaltres hem heretat totes aquestes creences, i avui dia hi ha gent que va a l'església a plorar. «A plorar a l'església», diu la dita popular.

- **Plor tòxic 3**

«Les llàgrimes per tot» o plorar segons diu la cultura

Hi ha gent a la qual li encanta veure pel·lícules que facin plorar. Als Estats Units es va descobrir que la gran majoria de les persones que anaven a veure la pel·lícula *Titanic* ja l'havien vista, però, segons aquesta investigació, la gent tornava a veure-la per plorar.

Un altre concepte cultural és que «els homes no ploren» i des de petits ens inculquen aquesta creença com a certa. Si al col·legi un nen plora, li diuen que és un «efeminat». Això ens ha portat a associar plor amb debilitat. Per això els homes no plorem, perquè, si ho fem, ens sentim febles.

Els homes sí que tenim permès emocionar-nos o plorar quan veiem una pel·lícula d'acció o d'un rescat i ens hi identifiquem per heroisme o patriotisme, llavors sí.

Per cultura la dona plora més que l'home. Les dones ploren de mitjana trenta vegades a l'any, i els homes, només sis. L'home plora de mitjana quatre minuts. Per una altra part, a partir dels seixanta anys, el que ens passa a tots és que produïm menys llàgrimes, per això plorem menys.

Totes les cultures ens diuen que hauríem de plorar, encara que aquest plor no ens serveixi per a res.

Ara sí, els tres plors útils o positius:

- **Plorar per dolor**

Plorar en el dol. Quan perdem algú s'ha de plorar. En aquestes circumstàncies hem d'expressar el nostre dolor. Encara que ens diguin «no ploris, Déu se l'ha emportat, està amb el Senyor, etcètera»... No plorem perquè estigui amb Déu, plorem perquè ja no és amb nosaltres.

El dol és aquesta emoció trobada per la qual plorem pel que hem perdut, però a la vegada sabem que no ho recuperarem. I per això apareixen emocions com ràbia, tristesa, «per què a mi...», «què m'ha passat...».

Hi ha un llibre sencer a la Bíblia anomenat «Lamentacions» que parla exclusivament del dol i explica la destrucció de Jerusalem.

Aquest és un plor positiu, sa: hem de treure tot el dolor fins que es consumeixi.

Hem de buscar un lloc sa, on puguem anar a plorar i a gastar el nostre dolor i on ningú no ens miri de manera rara i ningú no ens qüestioni, perquè el plor del dolor s'ha de consumir. Hem de gastar les paraules que no vam dir al qui se n'ha anat, les paraules que ens van quedar guardades al cos; tot ha de sortir.

El dol i el dolor mai no et roben la vida, no és cert que si plores no podràs seguir: tots tenim la possibilitat de recuperar-nos d'aquest dolor. És bo esgotar aquestes llàgrimes i poder dir a l'altre, al que no hi és, com en un joc de rol, el que tens a dins: això ajuda a desfogar-nos.

Jesús va plorar en veure morir el seu amic Llàtzer; després es va eixugar les llàgrimes i va dir: «Llàtzer, aixeca't!», i el text bíblic diu que va ressuscitar. Això simbolitza que després del dolor pronunciaràs les paraules de fe més extraordinàries de tota la teva vida. Perquè el dolor no et roba la fe, no et roba res. Però quan hagis consumit el dolor, tot el que has perdut tornarà a les teves mans.

• Plorar pels canvis transcendents

És un plor que expressem quan tenim un canvi important. Quan neix un fill, quan ens casem, quan ens canviem de lloc, quan canviem de feina, quan trobem parella o quan ens separem... Es tracta d'un plor que funciona com a catarsi. Són llàgrimes permeses i correctes que ens ajuden a travessar el canvi.

• Plor per revelació o il·luminació

Hi ha un plor provocat pel descobriment d'una veritat que un desconeixia.

Passa moltes vegades que, quan t'adones d'una cosa, quan «se t'encén la bombeta» i t'impacta el pensament, de sobte, et trobes plorant i dius: «Què m'està passant?» És com si et despertessis de la situació anterior a una de nova. És el que els psicòlegs anomenem «adonar-se d'alguna cosa».

La visió d'un gest d'amor o el fet de descobrir una cosa de nosaltres o d'un altre que ens il·lumini poden presentar-se, en certes persones, acompanyats de llàgrimes.

Problemes, crisi, dificultats, canvis;
TOT EXISTEIX PER APRENDRE.

1. En la meva dificultat aprendré a prioritzar

Quan mor un ésser estimat, quan apareix una malaltia, quan perds la feina... és llavors quan t'allunyes de coses sense sentit.

Perquè quan passem per un moment difícil, quan perdem un company, quan veiem una injustícia, és llavors quan ens oblidem de totes les beneiteries INSIGNIFICANTS i comencem a prioritzar.

Hi ha gent que es concentra en petiteses: «No saps el

que li he fet, he passat pel seu costat i no l'he saludat, perquè se'n senti.»

Però hem d'aprendre a posar-nos d'acord amb la gent amb la qual tinguem objectius clars per mirar al futur i no quedar-nos en el mal moment.

Avui hem d'estar disposats a obrir-nos camí. Si has arribat fins aquí és perquè portis el futur al teu present, per aconseguir canviar la teva situació. Avui és un bon dia per començar a treballar en un canvi extraordinari!

2. Enmig de les dificultats realitzaré les meves millors conquistes

Els millors beneficis vénen quan hi ha pressió. Mirar el que és negatiu ens condueix a coses negatives, però mirar cap endavant ens traurà del lloc en el qual estem estancats.

El primer que podríem o hauríem de fer és visualitzar el nostre futur mentalment i donar el primer pas cap al nostre benestar.

Si ens concentrem amb tenacitat en el nostre futur, podrem aixecar la vista de la nostra situació i tirar endavant. És escollir mirar la llum que entra per la finestra abans que seguir mirant la foscor. Segons on enfoquem la mirada es dirigiran els nostres passos.

3. Enmig de la crisi sorgirà tota la meva saviesa

La qüestió no és córrer, sinó arribar. Fer el primer pas, canviar la nostra actitud negativa, fixar-nos una meta curta i que es pugui aconseguir, i que després ens remeti a una altra meta. I així, successivament, podrem aconseguir grans objectius.

Sigues intel·ligent i creatiu, atreveix-te a enfrontar-te a les teves circumstàncies. Només quan plantem cara a la nostra situació amb una visió clara dels nostres objectius podem aconseguir un canvi.

13

LES CULPES TÒXIQUES

> Lluitem contra la por i el sentiment de culpabilitat, i busquem el sentit de la vida, l'amor i el poder.
>
> ELISABETH KÜBLER-ROSS

Els éssers humans percebem el món d'acord amb les nostres emocions i actuem en conseqüència; per tant, si el nostre interior no està sa, el nostre exterior tampoc no ho estarà.

No sempre les emocions que experimentem ens afavoreixen, sinó que, paradoxalment, moltes vegades atempten contra la nostra felicitat. Aquest és el cas de la culpa falsa o culpa tòxica, que posseeix un efecte letal: bloqueja la nostra capacitat de gaudir de la vida.

El desafiament que tots tenim al davant consisteix a aprendre a descobrir com funciona el nostre món interior i, d'aquesta forma, tenir més possibilitats d'influir-hi de manera positiva. Per aquest motiu, en aquest capítol qüestionarem les nostres culpes, el seu origen i com alliberar-nos de les càrregues que no ens corresponen.

En un sentit pràctic, de qui estem parlant quan ens referim a persones afectades per la culpa tòxica? Poden ser els qui se senten en deute permanent amb alguna cosa o amb algú, els quals es castiguen a si mateixos, o els qui, voluntàriament, es queden a meitat de camí i no aconsegueixen les seves metes perquè no se senten mereixedors de l'èxit. Si aquests exemples et resulten familiars, aquest capítol pot ser-te de gran utilitat.

Però hi ha un camí per recórrer. Per sortir de la culpa tòxica, hi ha una sèrie de passos que et permetran anar en la direcció correcta: cap a la salut emocional i el compliment dels teus somnis. Endavant!

1. PRIMER, CAL QUE IDENTIFIQUEM. TENIM CULPES REALS O CULPES TÒXIQUES?

És imprescindible fer la distinció entre la **culpa real** i la **culpa tòxica**.

- **La culpa real és la que es produeix quan es transgredeix una llei**, ja sigui moral, universal o divina, i en **tenim consciència**. Estudis antropològics han trobat, més enllà de paràmetres ètics, morals i espirituals de l'ésser humà, l'existència de certes lleis universals. És a dir, d'alguna manera són lleis que estan gravades en l'esperit de l'home, sobre les quals hi hauria un coneixement previ o consciència de culpa en transgredir-les. Aquesta culpa és positiva en el sentit que ens mostra quan realment ens equivoquem, ja que ens ofereix l'oportunitat d'adonar-nos-en i canviar de rumb.

- **La culpa tòxica es produeix quan els sentiments de culpa** que pretenen turmentar una persona no obeeixen les lleis anomenades universals, sinó que **provenen de causes emocionals**. Aquesta classe de culpa moltes vegades és utilitzada per altres persones per manipular-nos, com veurem més endavant.

Ho hauria de fer o no? Aquesta és la qüestió

Podríem representar la nostra consciència com una balança que, depenent del que fem, s'inclinarà cap a un costat o cap a l'altre, indicant el que està bé i el que està malament, d'acord amb les lleis que tenim gravades en la nostra ment. D'aquesta manera, la nostra consciència ens fa experimentar la culpa com un senyal que no estem fent «el que hauríem de fer».

La persona submergida en la culpa tòxica està segura del que «hauria» de fer i es pren certes creences falses com si fossin lleis universals:

- «Hauria de fer el que em diu tal persona.»
- «Hauria d'ajudar a tots els que m'envolten.»
- «Hauria d'escoltar els problemes de tota la meva família i de tots els meus amics i de tothom.»
- «Hauria de fer feliços els altres abans que preocupar-me per ser feliç.»
- «Hauria de ser sempre feliç, no m'hauria d'enfadar.»
- «Hauria d'atendre la meva parella.»

Com hem vist, totes aquestes afirmacions són falses. Per cert, els altres tampoc no ho haurien de fer! Quan siguis lliure dels teus «hauria», podràs respectar la llibertat que mereixen els altres.

No caiguis en les trampes, aplica la llei del cent per cent que diu que ***cadascú és responsable al cent per cent dels seus propis pensaments i de les seves pròpies decisions i accions.***

Si et diuen: «És culpa teva, tu em vas dir que fes això.» Respon: «No, tu ets el responsable de les teves decisions, no em culpis a mi.»

Si et diuen: «Estic enfadat amb tu.» Respon: «Aquest és el teu problema, l'enuig està dins teu, jo no hi tinc res a veure.»

No ets responsable de les decisions de ningú. Tampoc no vegis l'altre com una víctima quan diu: «M'has d'ajudar perquè estic patint» i et té cinc hores al telèfon. Hi estàs cinc hores perquè tu ho permets. Quan dius que et tracten com una persona sense valor, és perquè tu decideixes ser-ho.

Hi ha gent experta a acusar, i cadascú és responsable al cent per cent de la seva vida, pot triar lliurement. No et sentis malament pel que els altres decideixen.

2. L'ORIGEN DE LES CULPES TÒXIQUES

Respecte a l'origen de la culpa falsa o culpa tòxica, has tingut l'oportunitat de conèixer gent que sembla sentir-se culpable fins de respirar? Moltes vegades, en observar les actituds d'aquestes persones, ens preguntem d'on pot haver sortit tanta culpa, sense saber que en realitat moltes d'aquestes culpes van ser llavors sembrades quan eren molt petits.

Una de les causes més freqüents prové de la manera en què els pares tracten els fills davant d'error comès: utilitzen actituds hostils i degradants. Si la culpa s'origina en el nucli familiar, el sentiment «de culpa» pot arribar a durar tota la

> **L'ànima desordenada porta en la seva culpa la pena.**
>
> **Sant Agustí**

vida, ja que quan som petits qüestionem menys la realitat que se'ns presenta i l'acceptem com a certa. A molts nens se'ls fa sentir inferiors, culpables, indignes per actes que no tenen res a veure amb la transgressió. I el més lamentable és que creixen en aquests ambients. A llarg termini, aquests nens es convertiran en adults que, sovint, tendiran a sentir-se incapaços, insegurs, reaccionaran malament i amb angoixa davant tota situació frustrant.

Quan pot originar culpa tòxica una família?

Després d'haver llegit el punt anterior i, d'aquí endavant, segurament procurarem evitar que la nostra família sigui generadora de culpes. Per això, a continuació, identificarem situacions que hem de manejar amb molta cura a casa nostra per no reproduir errors.

- **Desgràcies familiars.** Quan es neix en una família en què els pares se separen o si un dels progenitors estava malalt o amb depressió, o si els seus membres van patir un succés molt traumàtic, pot passar que, quan un aconsegueix sortir d'aquest cercle, senti la culpa imposada pels mateixos membres del grup familiar. Sobretot si a la persona li va bé a la vida, però en la seva família continuen les dificultats.

- **Successos negatius i falta d'acció.** Quan algú de la família pateix i no es fa res, indirectament, la persona se sent culpable per un prec no explícit: «M'has d'ajudar.» Hem de saber que la persona que plora i no fa res per sortir de la seva situació dolorosa està transmetent culpa.

- **Altres que pateixen més.** Una nena tenia un globus inflat amb heli i se li va escapar. Se'n va anar corrent on hi havia la seva mare i aquesta va treure del seu escriptori una foto de dos nens desnodrits i li va dir: «Aquests sí que pateixen, ets una desagraïda.» La nena va quedar traumatitzada per sempre amb aquella afirmació: «Et queixes per un globus quan hi ha tanta gent que pateix gana.» Moltes persones com aquesta nena seran les que després diguin: «Et robaré només un minutet» o et preguntaran si et poden molestar cinc minuts. Sempre se sentiran malament davant dels altres, com si sobressin a la vida.

- **Ser diferent.** És la persona que és diferent de la resta de la família. La consideren com una traïdora perquè pensa de manera diferent. «I... es va casar amb "aquella" que la família no accepta. Es mou en un mitjà que no és com l'àmbit familiar.»

3. CARACTERÍSTIQUES TÒXIQUES D'UNA PERSONA QUE VIU AMB CULPA

La persona que viu amb culpa es caracteritza pels trets següents:

- **Busca ser ferida.** És la persona que elegeix relacions en les quals sap que la faran patir: caps autoritaris que subestimen i maltracten amb missatges que sancionen. Són persones que necessiten sofrir. Diuen: «Sempre em passa el mateix, em relaciono amb homes maltractadors, manipuladors, amb els pitjors.» Qui sent que no té valor, inconscientment, busca ser tractat com algú sense valor.

- **Es fereix a si mateixa.** La crítica és una llavor que li entra en el cor i creix per convertir-se en una veu interna que condemna. És la persona que s'autocastiga, no necessita que un altre la pegui, perquè ella ho fa per si mateixa. «Com vaig poder dir això! Vaig quedar molt malament. Hauria d'haver callat. Per què ho vaig fer d'aquella manera si ho podia haver fet millor?»

  L'autocrítica és el resultat de les culpes incorporades i que es van transformant en veus internes condemnatòries permanents. En una ocasió, una pacient em deia: «Em van violar perquè anava vestida de forma provocativa.» I li vaig dir: «No, no té res a veure una cosa amb l'altra.» Però ella seguia insistint: «Si m'hagués tapat, no hauria provocat.» La culpa pel que li va passar la condemnava.

> **La culpa no està en el sentiment, sinó en el consentiment.**
>
> **Sant Bernat de Claravall, monjo i reformador francés**

- **Fereix els altres.** Les crisis són un tràmit i el més important és esquivar tota la culpa que ve des de la família. El culpable sempre busca el dolor, que el fereixin, ferir-se a si mateix o ferir els altres, perquè darrere de la culpa s'encobreix l'omnipotència que li fa revisar el passat per manejar la seva vida.

4. TÈCNIQUES I ESTRATÈGIES SENZILLES PER ALLIBERAR-SE DE LA CULPA TÒXICA

És hora de deixar enrere tota mena de culpes per poder complir tots els somnis que tenim al davant. No hem nascut per al dolor, sinó per gaudir de cada dia que comença. La nostra funció no és ferir l'altre, ni ferir-nos a nosaltres mateixos, sinó trobar les formes i estratègies per poder aconseguir els nostres somnis i per poder participar de manera sana en els somnis dels altres. Si estàs decidit, comencem.

- **Si m'equivoco, demano perdó i segueixo endavant; no m'aturo aquí**
  Si t'has equivocat, demana perdó a aquella persona que ha sortit perjudicada i segueix endavant. No et detinguis ni et quedis demanant perdó mil vegades. Si t'has equivocat, demanes perdó sincerament una vegada i ja n'hi ha prou. Quan ens equivoquem, resolguem-ho ràpid, deixem de culpar-nos. Un cop ho hem fet, tractem de no repetir l'error i prosseguim cap als nostres objectius.

- **Si m'equivoco, arreglo el dany ocasionat**
  Reparem, en la mesura del possible, el dany que hàgim ocasionat. Si a través d'un missatge vas manipular aquesta persona, envia-n'hi un altre reparant el fet i digues-li com n'és de bona o important per a tu. Canvia a positiu el que és negatiu. Això és reparar.

- **Si m'equivoco, verbalitzaré la meva culpa**
  Hi havia un empresari molt pròsper, que se'n va anar a esquiar. L'home es va enamorar d'aquest esport i

se'n va anar a veure els seus pares, ja vellets, perquè se sentia culpable. Va dir al seu pare: «Em sento culpable perquè m'agrada esquiar i, a més, estic treballant tot el dia. Però em sento malament perquè no vinc a veure-us.» I el pare li va dir: «Fill, vés tranquil i passa-t'ho bé. No et preocupis, parlarem per telèfon; nosaltres estem bé.» Què va fer el pare? El va alliberar de la culpa. De la mateixa manera que aquest pare, nosaltres hem d'alliberar els altres de tota culpa. Si una cosa et fa sentir malament, digues-ho, perquè la culpa treballa en soledat i silenci. Vas néixer per sobresortir, per a la felicitat i el benestar, no per al dolor. Prepara't per destacar!

5. CANVIA LA CULPA TÒXICA PEL TEU DRET A GAUDIR

- **Gaudiré de tot el que posseeixo**
  No guardem la vaixella per als convidats especials, no guardem el perfum per a ocasions diferents, no guardem la millor roba per quan anem a algun lloc important, no deixem de gaudir del que posseïm avui. Passa-t'ho bé. No ho guardis, perquè del que no en gaudeixis avui ho faran altres quan et moris. Tot el que tenim és per gastar, fins i tot les forces.

Quan vegis algú cansat, felicita'l,
perquè significa que ha gastat les seves forces.

El sentiment de culpa ens diu: «Ho guardo per a una ocasió especial.» No obstant això, el do de gaudir diu: «Aquesta ocasió és especial.» Fes que cada ocasió sigui especial i no guardis res per demà. Usa la millor roba per estar a casa teva perquè te la van donar per gaudir-ne.

Amb els nostres afectes, ens hem de comportar de la mateixa manera: no guardem les paraules ni les expressions dels nostres sentiments, no guardem aquesta abraçada o aquesta iniciativa de fer una trucada telefònica, no guardem els nostres somriures per demà.

- **És igual que em critiquin per gaudir**
  «Mira la roba que es va posar per anar al supermercat», «Mira, va demanar el dia lliure només per portar a passejar els seus fills», «Mira com s'embruta els pantalons jugant». Són els comentaris dels qui senten culpa de passar-ho bé i, per això, no accepten que tu ho facis. No permetis que et facin sentir culpable per utilitzar el que et pertany, perquè, si una cosa és teva, és perquè en gaudeixis com i quan vulguis.

- **Gaudir no és una cosa que trobo, sinó una cosa que porto**
  Hi ha gent que es passa el dia buscant. «On és l'home que em farà feliç?», «Ha sortit el sol, quina alegria!», «Està ennuvolat, quina tristesa!»... El do de passar-ho bé es porta a dins. Necessiten estímuls externs per sentir-se bé. Allibera l'alegria que hi ha en el teu interior, perquè no és una cosa que es pugui trobar, sinó que està en tu i l'has de deixar anar. Cap ambient et dominarà quan alliberis la capacitat de gaudir vagis on vagis. L'alegria no és tenir una casa gran o petita, sinó que està en tu i s'acomodarà al lloc on estiguis.

- **Jo sóc el present**
Moltes vegades hem dit: «els joves estan perduts», però en l'Èxode, fa dos mil vuit-cents anys, s'hi pot llegir: «No veig esperança per al futur del nostre país si ha de dependre de la joventut frívola d'avui, ja que certament tots els joves es veuen precipitats més enllà d'aquesta descripció.» Quan jo era nen, ens van ensenyar a ser discrets i respectuosos, però, actualment, els joves són extremadament necis, mancats de valors i intolerants. «No hi ha res nou sota el sol», va dir el rei Salomó. Fa dos mil vuit-cents anys també es queixaven dels joves. Totes les èpoques són difícils i tenen la seva complexitat, l'important és no donar la culpa a les circumstàncies ni posar tota l'expectativa en els altres. Els joves són el demà, però nosaltres tenim el present. Podem influir-hi, canviar-lo i gaudir-ne.

- **Gaudiré de mi**
Si no gaudeixo de mi mateix, no podré gaudir de la resta. Moltes dones no poden gaudir de la seva roba, i el problema no és la roba, sinó que no s'agraden i no se senten bé amb elles mateixes. La flaca vol ser grassa; la de malucs amples vol tallar-se l'os; la que pensa que li falta alguna cosa, s'ho vol posar; el que té el nas llarg, el vol curt; el negre vol ser blanc; el que calça un 42 vol calçar un 40; altres estan obsessionats amb els seus llavis i se'ls augmenten, es posen pòmuls, etcètera. Això succeeix perquè no hem après a relacionarnos bé amb nosaltres mateixos i, senzillament, no ens acceptem! No és possible que «un altre» cregui més en tu que tu mateix, has de ser el primer a estimar-te i respectar-te. Els altres ho faran com a conseqüència.

- **Seguiré els desitjos del meu cor**
  Tens ganes de viatjar? Fes-ho. Vols comprar-te roba? Compra-te-la. No serveix de res treballar o estudiar i que un altre en gaudeixi. Compleix tu els teus somnis i no esperis que un altre ho faci. Moltes vegades hem temut complir els nostres desitjos per no «pecar d'ambiciosos o egoistes», però ens n'hem anat a l'altre extrem. Especialment i molt influïdes per la cultura, les dones han relegat els seus desitjos posant al davant els de la resta. Molts pares han posat en primer lloc els seus fills i així s'han destruït parelles després d'anys deixades de costat. Molts fills han posat en primer lloc els seus pares i no han viscut les seves vides, etcètera. Sentiments nobles però actituds equivocades, moltes vegades impulsades per un gran «sentit de la responsabilitat», un excessiu «amor al proïsme», mal interpretat i moltes vegades utilitzat per manipuladors per treure profit de persones ben intencionades.

- **Seré savi**
  Recorda que no has de demostrar res a ningú. Si gaudeixes, fes-ho per tu. No et donis gustos per impactar els qui t'envolten, perquè de tot el que facis amb una mala motivació, finalment, no en gaudiràs. Si fas una cosa per enveja, si et compres una cosa perquè un altre ho té, si et dónes un gust que no pots pagar, però no pots deixar de fer-ho perquè, si no, què diran, vas pel camí incorrecte i el resultat serà insatisfacció.

Sortir d'aquesta emoció tòxica i ser feliç és un dret que et pertany i has de conquistar tu mateix. Però és una batalla que té com a botí un premi gran: la teva llibertat.

14

EL REBUIG TÒXIC

> El que tenim al davant i el que deixem enrere és insignificant en comparació amb el que està dins de nosaltres.
>
> OLIVER WENDELL HOLMES

La toxicitat del rebuig té a veure amb tot el que fem per obtenir l'acceptació, una necessitat digna de tot ésser humà però mal buscada. Busquem l'acceptació a l'exterior, però el rebuig està en el nostre interior.

La gent no té l'autoritat per rebutjar-te ni acceptar-te. Només ho pots fer tu.

El rebuig és l'hemorràgia emocional més dolorosa que una persona pot tenir, perquè ser acceptat és el passaport que t'habilita i et dóna permís per viure. Ningú no pot viure sense ser acceptat, i això no es compra, sinó que es construeix des de dins. Els primers que ens donen aquesta validació necessària són els nostres pares, però, després, anirem descobrint que cadascú de nosaltres té la capacitat de donar-se valor.

Quan una persona ha experimentat el rebuig, sagna allà on vagi i la prova és que l'acceptació surt de la seva pròpia boca i no dels altres. «Has vist el cotxe que m'he comprat?», «Saps d'on és aquesta camisa?», «Mira quin rellotge més bonic he portat d'Europa», «Mira que guapa és la noia que he conegut». El llibre dels Proverbis diu: «Que t'alabin els estranys i no la teva pròpia llengua.»

La gent rebutjada sobreestima les opinions dels altres. Es tracta de persones hipersensibles que, a través de la manipulació, intentaran tenir la resta sota el seu control, la qual cosa fa que la gent se n'allunyi.

El rebuig emocional és tòxic
i és l'impediment més gran que hi ha
a l'hora de gaudir de tot el que has aconseguit.

Quan una persona se sent rebutjada, no pot gaudir de res del que posseeix, perquè només es concentrarà en si és estimada, felicitada, validada o no. **Validar vol dir «donar força, fermesa a una cosa o a una persona».**

Una persona que se sent rebutjada (i no necessàriament ho és) no pot gaudir ni d'una sortida, ni d'un cotxe, ni de qualsevol èxit que aconsegueixi, ja que els seus ulls estaran posats en «els altres», és a dir, «en la validació dels altres», i res del que assoleixi serà suficient.

He de saber que, si busco acumular objectes
per elevar la meva autoestima, em convertiré
en el carceller de les meves pròpies coses.

Si depenc dels objectes per sentir-me fort i poderós, faré que es transformin en una addicció per continuar vivint. I llavors ja no podré gaudir dels èxits nous que adquireixi, perquè tenir-los no em farà més feliç, sinó que els utilitzaré per aixecar la meva estima.

D'aquí ve que moltes de les actituds que es formen en la persona siguin tòxiques: ambicioses, miserables i avares. *No importa si són molts o pocs els béns que has acumulat, el rebuig t'impedeix el gaudi.*

- **El rebuig ens converteix en persones i éssers susceptibles.** Això és així perquè, quan el que busques és l'aprovació de la gent, et converteixes en esclau dels altres.
- **El rebuig ens impedeix fer arrels.** Mentre no ens afirmem com a persones, serem errants. Sempre estarem buscant el nostre lloc en el món.
- **Les persones rebutjades no es cuiden.** Com que no poden cuidar-se, es refugien moltes vegades en les drogues, en l'alcohol o s'aïllen del món que les envolta. A més, una persona rebutjada és transmissora del seu propi rebuig.

Si et sents rebutjat, has de comprendre que, ferit, només seràs capaç de donar allò que has rebut. **El rebutjat farà tot el possible per ser rebutjat.** Faràs tot el possible per rebutjar, fins i tot en circumstàncies en les quals, per a la teva sorpresa, siguis feliç.

Per això és pel que necessitem guarir el rebuig que sentim. L'acceptació, el valor, no te'l pot donar la gent, te l'has de donar tu mateix. No permetis que ningú marqui el teu cor.

Si busques el reconeixement a l'exterior, no podràs gaudir de cap èxit, de cap alegria, perquè el que per a tu és important potser no ho és per a l'altre.

Vull dir-te que la teva estima i la teva felicitat no depenen ni del que posseeixes ni de les paraules que l'altre vulgui dedicar-te. La teva autoestima creixerà a mesura que t'acceptis com a persona i comencis a parlar bé de tu mateix.

La teva herència i el teu destí estaran marcats amb la força i l'energia, amb els somnis i amb les metes amb les quals decideixis començar cada matí. Has de cuidar-te tu, troba els teus punts forts, decreta que el teu dia serà d'èxit.

Concentra't en l'objectiu i no en la gent, perquè, si no, amb el temps, hi quedaràs lligat.

I recorda que el que més se'ns ha repetit és el que forma part de la nostra imatge.

La teva vida segueix els teus pensaments i, d'acord amb la qualitat dels teus pensaments, seran les teves creences: la teva vida mai no anirà més lluny del que penses.

1. QUANTES VEGADES ENS HAN REBUTJAT O, CONTRÀRIAMENT, HEM REBUTJAT NOSALTRES?

Quan parlem de rebuig, potser ens sentim una mica incòmodes, ja que és un sentiment que, valgui la redundància, tendim a rebutjar. No ens agrada parlar de rebuig, perquè genera sensacions o reaccions que ens resulten difícils d'entendre o canviar.

Sigmund Freud sostenia que el contrari de l'amor no era l'odi, sinó la indiferència. Segons Freud, creiem que tant amb l'amor com amb l'odi la persona sent que existeix, mentre que la indiferència representa la no-existència. Moltes vegades inconscientment diem al que està al nostre costat coses com aquestes: «Et demano que m'estimis o que m'odiïs, però per favor fes-me sentir que estic viu», «Si no em fas un petó, dóna'm una bufetada».

I és evident que no hi ha pitjor sentiment per a la vida d'un ésser humà que adonar-nos que per a l'altre no existim. D'alguna manera, tots aspirem a sentir-nos reconeguts en l'altre. És indubtable, doncs, que el rebuig i l'abandonament poden produir diferents trastorns en la conducta d'un individu.

En general, moltes persones que tenen alteracions espirituals, mentals i emocionals han patit manca d'amor i afecte en la seva infantesa. Moltes conductes il·lògiques tenen la seva arrel en una necessitat interior generalment vinculada al fet que les persones no han rebut prou amor.

Moltes de les teves tristeses inexplicables tenen una sola explicació: no vas estimar com els altres necessitaven o no et van estimar com esperaves.

La gent ens acompanyarà només fins a un punt, fins on són capaços d'arribar, però hi haurà un moment en què estarem sols. En la nostra hora més difícil, ningú no ens acompanyarà, estarem sols.

En el pitjor moment, ningú no ens trucarà. Com més ho necessitem, no hi haurà ningú. És així que, en el tram més difícil, ens quedarem sols. «Les persones ens acompanyaran fins a la meitat del camí.»

En moltes ocasions, ens sentim desprotegits, sols i angoixats, ja que ser rebutjat és una emoció que ens fa mal i ens paralitza. El rebuig és l'hemorràgia emocional més dolorosa que una persona pot patir, perquè ser acceptat és el passaport per donar-te permís per viure i ser feliç. Quan una persona ha experimentat el rebuig *sagna* allà on va.

No obstant això, has de saber que:

- El rebuig no pot aturar-te ni limitar-te.
- El rebuig no pot debilitar-te.
- El rebuig no pot condicionar-te.

No estàs fet per al NO. *No vas ser creat per, després, ser rebutjat. Ets acceptat i tens valor des del mateix minut que vas sortir a la vida.* **Des del moment en què coneixes aquesta veritat, ja no necessitaràs fer més exàmens.**

Si t'has equivocat, és igual; sempre hi ha una nova oportunitat per tornar a començar. No confrontar els errors és com una infecció que, quan no es tracta, pot destruir tota una vida.

És important que comencis a entendre que no compten les vegades que hagis estat rebutjat, perquè tu ets una persona d'èxit amb un destí per aconseguir. En la vida el més important no són els esdeveniments, sinó els pensaments que tens sobre el que t'està passant.

Estàs preparat per deixar d'escoltar el que els altres diuen o esperen de tu.

2. MEU, MEU, MEU...

No t'aferris a res. **Ser lliure és no estar lligat a res.**

El que tinguis, cuida-ho, gaudeix-ne; però no t'hi aferris. Aprèn a deixar anar les coses perquè quan ja no estiguin en la teva vida, no pateixis ni et facis mal. Com nosaltres, tot té un cicle de vida.

De tot allò que no podem deixar anar, no en som els amos, sinó els seus esclaus.

Totes les coses són temporals, i tens capacitat per seguir vivint fins i tot sense elles.

Quantes coses hi deu haver dins dels armaris, el rebost o els baguls vells que continues guardant per si de cas, però que saps que ja no necessites? *Segurament moltes.*

No obstant això, guardem les fotos dels ex, el vestit de núvia per si ens aprimem i algun dia ens els podem tornar a posar, la tassa sense nansa que utilitzava el nostre primer fill i així una quantitat innombrable d'objectes que no necessitem, però que guardem per si de cas.

Sense adonar-nos-en, amb aquest fet fomentem una cultura de misèria i no ens creiem capaços de generar coses molt més grans, noves i molt millors que les que avui tenim.

Per això hem de començar a donar, hem de desenvolupar el plaer de donar per donar. Comencem a desprendre'ns-en. *I allò que tinguis por de perdre, és el primer del que t'has de desprendre.*

Només quan llencis el que és vell, donaràs cabuda al que és nou.
I el mateix succeeix amb les nostres emocions.
Quan permetis que els sentiments que t'han ferit surtin de la teva vida, la millor gent i els millors moments vindran.

3. TÈCNIQUES PRÀCTIQUES I SENZILLES PER SENTIR-NOS LLIURES DE TOT REBUIG

- ***El rebuig s'anul·la quan decideixo utilitzar la saviesa***
  La saviesa mou la força, però la força mai no mou la saviesa. Podries seguir com estàs, però una cosa sàvia seria decidir-te a rebutjar el rebuig i començar a gaudir de la vida.

- ***El rebuig s'anul·la quan inverteixo en mi***
  No pots donar el que no tens. *Com em tracto, et tracto. Com et tracto, em tracto.* El que no es respecta no et respecta. Cuida't a tu mateix. **Només seràs capaç de donar als altres el que et donis a tu mateix.** Inverteix en tu i dóna't temps, perdona't. Descobreix el potencial que roman amagat.

- ***El rebuig s'anul·la quan parlo bé de mi***
  Parla bé de tu. Hi ha gent que sap dir el bo que altres tenen, però, pel que fa a ells, no saben respondre. Parla bé de tu! Si tu no et cuides, ningú no et cuidarà. Nomena els teus punts forts. Determina que el dia d'avui és el teu millor dia. Tot el que surti de la teva boca et curarà o et farà emmalaltir. Comença a parlar bé de tu mateix per recuperar-te i trobar-te cada dia millor. Allò que més se'ns va repetir és el que ha determinat la nostra imatge. Transforma la teva pròpia imatge a través de les paraules. Les teves paraules són el millor capital que tens, i la teva boca és l'administrador; per això, si és per a tu, dóna't el millor!

- ***El rebuig s'anul·la quan em regalo el millor***
  Quan mengis, menja el millor. Quan et vesteixes, compra una peça que sigui bona per transmetre al teu cos la idea que avui té una sola peça, però que demà en tindrà dues i demà passat tot el que et posis serà de primera, perquè la teva ment ja no és la d'un perdedor, sinó la d'una persona sana i lliure que sap el valor que té la seva vida i, com a tal, la cuidarà. Dintre de les teves possibilitats, regala't i premia't amb el millor que puguis donar-te.

- ***El rebuig s'anul·la quan m'ajunto amb gent que ja ho ha aconseguit***
  Si vols saber com és l'autoestima d'algú, has de mirar la seva companyia. Ajunta't amb gent que afegeixi valor a la teva vida, amb gent que afegeixi benedicció. Vas ser fet per caminar en victòria, perquè somiïs: portes la sang del campió dins teu. Ajunta't amb els teus mentors, amb aquells que estan davant teu en la carrera.

Anul·la tot rebuig, abandonament, càstig, tot estigma, tota comparació, tota exigència desmesurada que van carregar sobre les teves espatlles.

Anul·la l'abandonament, el càstig. Comença a tenir cura de tu mateix, a valorar-te.

La gent et posa preu, però tu saps que la teva vida no té preu, sinó valor. Comença a cuidar-te, dóna't temps, regala't el millor, camina amb els que sumin a la teva vida.

***La felicitació és agradable i l'aprovació útil,
però no treballis buscant l'aprovació dels altres,
fer-ho et farà desviar de l'objectiu i de la meta.***

No siguis esclau de la gent! Quan algú et rebutja, allunya't d'aquest lloc. Per què t'hi hauries de quedar?

Ets valuós, únic i irrepetible, original, amb coses per oferir que només tu tens. Si ho creus i ho acceptes, arribarà un dia en què no necessitaràs demanar per caritat la felicitació de la gent. Afirma't tu mateix.

Necessites aprendre a concentrar-te en la gent que t'estima i no en els qui et rebaixen i anul·len el teu ésser. **Estàs a punt per fer-ho?**

- Allibera't de tot sentiment que et faci sentir «no apte».
- Allibera't de tot sentiment i tota paraula de desvalorització.
- Allibera't de la depressió, aquesta incapacitat que t'ofega i no et permet expressar el que sents.
- Allibera't del perfeccionisme, de les pors.
- Allibera't del que és material, dels records tristos, dels ritus, dels costums, de les creences errònies que no et serveixen per créixer i ser lliure de la culpa i d'aquelles pors heretades.
- Allibera't de la teva història, les teves morts i totes aquestes velles emocions que hi ha en el teu cor.
- Allibera't d'aquell amic o amiga que va deixar de parlar-te.
- Allibera't dels teus ex, ja siguin parelles, amics, caps. No tinguis por de desprendre't de tot el que és vell.
- Allibera't de les emocions que et fereixen i t'empresonen.
- Allibera't, allibera't de tot el que tens por de perdre perquè, quan ja no estigui en la teva vida, no et faci mal i permetis l'entrada al que és nou. No guardis rancor a ningú, torna a somriure. Per al que creu, tot és possible.

- Allibera't de tota imatge errònia que tinguis de Déu. Ell no et condemna ni t'acusa de res. Tot al contrari, Ell desitja veure't sa, recuperat, pròsper, feliç.
- Allibera't dels moments d'èxit que has tingut, perquè els millors encara han de venir.

Allibera't i sigues feliç.
No hi ha res més bonic que invertir
la teva vida en metes i somnis.
No miris cap enrere, no et detinguis,
no perdis temps.
Allibera't del dolor, de les emocions tòxiques.
Després, perdona't i perdona,
i quan ho hagis fet, recorda que,
per al que creu, tot és possible.

15

LA GELOSIA TÒXICA

> L'única manera de ser feliç és ser lliure. I quan deixis la gent lliure, començaràs a viure en llibertat.
>
> ALEJANDRA STAMATEAS

Tal com hem descrit en el capítol corresponent, l'enveja és el desig de tenir el que té l'altre i, en no poder tenir-ho, l'envejós busca destruir tant el que l'altre té com l'altre. En l'enveja sempre hi participen dues persones: «jo vull tenir el que tu tens».

En canvi, la gelosia actua al revés; la gelosia es produeix per por de perdre alguna cosa i, en aquest cas, hi intervenen tres persones: el gelós, l'objecte o la persona que es tem perdre i el que ve a «robar» aquesta cosa o algú que «es posseeix».

La toxicitat de la gelosia empresona la víctima i el botxí. Tots dos es troben en una relació tòxica. En la nostra societat, la gran majoria dels crims passionals tenen a veure amb la gelosia. Un alt percentatge de la violència domèstica està relacionat amb la gelosia. La gelosia no té edat: hi ha adults gelosos i hi ha nens que estan lligats per la gelosia.

Es pot tenir gelosia d'una parella, de la feina. Un nen pot posar-se gelós perquè la seva mare o el seu pare parlen amb altres nens. Es pot tenir gelosia d'amics. Tot el que es té pot despertar gelosia, perquè la gelosia és la por de perdre el que tenim.

Exemples de persones geloses i controladores són aquelles dones que volen vigilar tota la família, prendre les decisions per tots i segueixen amb la mateixa actitud amb el pas dels anys. Creuen que els altres són objectes a la seva disposició i que poden dirigir tot el que fan o diuen. L'altre és per a elles algú a qui han de retenir («sota les seves faldilles») i no se'ls pot escapar. «Si aconseguim ser un, no te n'aniràs i estaré segura tota la vida.»

Els homes, generalment, controlen a través del poder, encara que també hi ha dones que ho fan. És una característica masculina la d'utilitzar el poder com a forma de control. «Fes les coses com jo et dic o me'n vaig», «No et dono més diners», «Si ho fas, tot anirà bé; si no, atén-te a les conseqüències». La persona que s'engrandeix tant és perquè se sent molt petita.

No et facis tan gran,
no ets realment tan petit.

1. EL CIRCUIT DE LA GELOSIA

Des que s'origina la gelosia fins que es compleix el que es veia a venir, hi ha un circuit pel qual transitarà la persona gelosa.

El circuit de la gelosia funciona d'aquesta manera:

a) **Sentir l'amenaça:** La persona gelosa sent que hi ha un tercer, que pot ser real o imaginari, que ve a prendre-li la parella, la feina, l'amic o l'amiga, el que sigui... I la persona veu aquest tercer com un lladre.
b) **Controlar:** El gelós comença a controlar, vigilar, revisar, seguir, per descobrir l'evidència que asseguri que això que ell pensava, que el tercer ve a robar, és cert. Si no el veu amb la mirada, començarà un interrogatori. Al gelós se li donen respostes, però no li agraden. Llavors, torna a preguntar, fa les seves interpretacions i insisteix perquè li tornin a explicar tot.
c) **Prohibir:** El gelós començarà a intentar evitar, per exemple, que la seva parella s'arregli o que es posi perfum o es vesteixi bé. El controlat al principi acceptarà els suggeriments perquè se sentirà protegit. Però aquesta protecció, després, passarà a ser prohibició. «No et posis aquesta faldilla, perquè és molt curta», «No et pintis perquè sembles boja». Moltes persones confonen la gelosia amb l'amor.
d) **Perdó:** El gelós demana perdó, plora, regala coses, fa invitacions. Tot torna a la normalitat fins que apareix una altra vegada un tercer real o imaginari i torna a començar el cercle: recelar, escenes, perdó, normalitat, recelar...
e) **Profecia complerta:** Efectivament, la por de perdre es compleix. La persona es posa del costat del gelós. La por sempre compleix el que tems, perquè la por és fe en el dolent i la fe funciona per bé o per mal.

Moltes vegades fem coses per posseir l'altre i altres ho aprofiten.

La llúdriga, amb una gran emoció, s'havia fixat que el fraret, cada vegada que ella sortia de l'aigua i començava a cavar a la riba per buscar arrels o per qualsevol altre motiu, hi anava disparat per estar al seu costat. Li feia mil salutacions, estirant el coll i movent el cap com un titella, cridant d'alegria, i no la deixava ni una mica, mentre ella estava en terra ferma.

No tenia ni el menor dubte que era la mestressa absoluta del cor del fraret i pensava que, si ell encara no s'havia declarat, devia ser per timidesa.

Quan la llúdriga tornava a capbussar-se, el fraret volava fins al cim més proper, on vivia una altra gran amiga seva, la viscatxa. I allà es quedava, a prop de la cova, esperant l'hora en què la viscatxa sortia a prendre la fresca, a menjar i a cavar la terra. Quan començava la seva feina, l'envoltava d'atencions, rascant també el terra, com per ajudar-la, dient-li mil coses, fent-li la cort.

Però, un dia, la llúdriga el va sorprendre. Va manifestar-li el seu menyspreu i li va demanar que digués d'una vegada a qui preferia.

El fraret va haver de confessar que no li n'agradava cap, sinó que només apreciava la finesa que amb ell tenien totes dues en proporcionar-li cucs de totes classes, la llúdriga quan furgava la terra en els clots humits i la viscatxa, als turons.

La boca fa petons a la cullera, però no són d'amor.

2. TENIR O NO TENIR, TOT DEPÈN DEL PERMÍS

Si no tinc el permís per tenir,
tinc el permís per perdre.

El gelós té **por de perdre**, perquè no té el permís interior de tenir. Cada vegada que no rebis aquest permís, tindràs por de perdre. I aquesta és la manera com la gelosia es guareix: *quan tens el permís, no tens la por de perdre el que tens.*

- **Els pares hem de donar als nostres fills permís per tenir**
  Un gelós és algú que no va tenir el permís dels pares. Va créixer amb pares que s'enganyaven, va créixer en un ambient de violència, on el pare o la mare sempre el van desqualificar, en un lloc d'abandonament, en definitiva, en un lloc on els pares no li van donar el permís. Va faltar la validació. Els pares som els qui hem de beneir els nostres fills, ja que això significarà donar-los permís per tenir, viure i poder. *Instrueix el nen en el seu camí i quan sigui vell no se n'apartarà.* La tasca d'un pare és motivar, animar que els seus fills descobreixin el seu propi camí, perquè quan el descobreixin no se n'apartaran.

Una persona que viu amb somnis
és una persona que viu en victòria.

A l'Antiguitat, els noms indicaven el que les persones aconseguirien en el futur. Els pares tenien clar que la seva primera tasca era dir als seus fills que tenien un gran futur.

Has de mostrar als teus fills que la vida ja ha dipositat somnis grans en el seu cor.

- **Els pares estem per transmetre ideals als nostres fills**
  Encara que ja siguin grans, hem d'inspirar-los ideals, perquè avui els joves no esperen res. Si els preguntes què volen aconseguir, què volen ser, no saben respondre't, perquè hi ha pares que no els han transmès ideals. «Sé que aconseguiràs coses grans», «Espero coses grans de tu», «Ets un campió, lluita sempre on hi hagi premis grans», «Jo crec en tu». No tinguis por dels ideals, no importa que estiguem en una societat on no n'hi ha. Avui la idea és que sobrevisqui qui pugui, però als nostres fills no els parim per «intentar viure», ni a ells ni a la nostra descendència no els tocarà viure sense rumb, ja que som gent de propòsit i deixarem com a herència gent decidida a complir els seus somnis.

- **Els pares hem d'impartir vida als nostres fills**
  Hi ha pares que estan més preocupats per la vida intel·lectual que per la vida interior dels seus fills. Hem d'impartir-los vida en tots els sentits. Ensenyar-los —amb l'exemple— que cuidin el seu cor.

- **Els pares hem de proporcionar amor incondicional als nostres fills**
  Els teus fills han de saber que sempre els estimaràs, facin el que facin. Aquest és el veritable permís i la veritable seguretat que necessiten. Hi ha pares que, quan els seus fills s'equivoquen, corren a castigar-los, en lloc d'afanyar-se a recordar-los que sempre els es-

timaran, facin el que facin. Els teus fills han de saber que el teu amor cap a ells és incondicional i etern.

3. HE DE DONAR-ME PERMÍS

Si els teus pares no ho van fer, sempre hi ets a temps

Si la teva família no et va donar permís, tu pots donar-te'l i pots ser el primer a fer-ho amb els teus fills. Canvia el rumb, perquè a casa sempre hi ha d'haver algú que es decideixi primer perquè la resta el segueixi.

El millor exemple per als teus fills és que et vegin fent el que tu vols que ells facin. Estan cansats de paraules; volen veure vida en els pares.

Hi ha gent que té por de perdre perquè ells mateixos no es permeten tenir.

Fem un test en el qual s'ha de respondre SÍ o NO.

	SÍ	NO
Abnegat de grau 1:		
a) Sóc autosuficient i responsable de mi mateix?		
b) Tendeixo a satisfer les meves necessitats més profundes?		
c) Trobo satisfacció en moltes coses?		
d) Deixo per més endavant el fet de satisfer les meves necessitats?		
e) Deixo de satisfer les meves necessitats perquè sempre tinc una altra cosa per fer?		
Abnegat de grau 2:		
f) Trec importància a les meves necessitats bàsiques?		

	SÍ	NO
g) Em proporciona més gratificació tenir cura dels altres que de mi?		
h) Em dóna més plaer que altres em facin feliç a mi?		
i) Em costa gastar diners en mi?		
Abnegat de grau 3:		
j) Sóc una màquina de satisfer les necessitats dels altres?		
l) M'exigeixo fins que no puc més?		
m) Sóc un autòmat?		
n) Tinc esclats de ràbia extrems?		

Si has respost amb sinceritat, sabràs en quin grau d'abnegació et trobes. Comença avui a donar-te permís a tu mateix.

Com puc saber si em dono permís a mi mateix?

El test que hem fet parla de la gent que posterga els seus desitjos i, amb això, el missatge que s'està donant és «no m'ho mereixo».

Aquest és el missatge interior que posseeix la persona gelosa: «En definitiva, no em mereixo el que tinc, per això en qualsevol moment puc perdre-ho.»

Una persona que compleix els seus desitjos és una persona que es permet a si mateixa obtenir el que desitja encara que no sigui una necessitat. Necessitat és una cosa i desig és una altra. Necessitat és una cosa que tant sí com no necessito, però el desig és un extra; si no el tinc, puc continuar vivint.

Tot depèn d'on hagi dipositat jo els meus desitjos. Això és clau en el seu compliment

Pots elegir si connectaràs els teus desitjos amb coses que et facin bé o que et facin mal. Una noia que surt amb un home casat connecta els seus desitjos amb algú que tard o d'hora li farà mal. Un jove que connecta els seus desitjos amb les drogues o un professional que és addicte al seu treball o una mare que està pendent dels desitjos de tothom i es deixa a si mateixa per al final, es faran mal. ***Connecta els teus desitjos amb metes que et facin bé avui sense comprometre el teu futur.***

Un mal desig és un bon desig unit a la forma equivocada de complir-lo.

Si el teu desig és tenir diners i el connectes amb una cosa dolenta, el teu interior et dirà que robis.

Si el teu desig és tenir pau i el connectes amb coses dolentes, el teu interior et dirà que menteixis per poder tenir pau. Per a molts, aquestes són opcions que els dóna el seu desig avui, però el dia de demà ho pagaran car.

Pseudodesitjos. Són els falsos desitjos que oculten els veritables

Les persones que tenen molts desitjos, que busquen coses, la major part de les vegades no saben el que volen. Llavors, els seus desitjos són pseudodesitjos. No són desitjos legítims, són desitjos que semblen bons, però, quan els aconsegueixen fer realitat, s'adonen que no tenien sentit ni valor.

4. TÈCNIQUES I ESTRATÈGIES SENZILLES PER SORTIR DE LA GELOSIA

Quan et permetis ser feliç i complir els teus desitjos, no necessitaràs tenir gelosia ni sentiràs la necessitat de ser «l'amo de ningú». Ara, anima't a **canviar el focus de «posseir» per «atraure».**

Estàs a punt?

Aplica la llei de l'atracció

Aquesta llei diu que tenim el poder d'atraure tot allò que respectem.

Ja hem vist que, a través de la gelosia, no podrem aconseguir les metes, les coses o les persones que desitgem tenir a la nostra vida. Cada dia hi ha oportunitats i la nostra tasca consisteix a aconseguir que s'acostin encara més a nosaltres, de manera que puguem capturar-les i gaudir-ne. I és a través de les nostres actituds que podem utilitzar la llei de l'atracció per acostar o allunyar les oportunitats que ja truquen a la porta.

Tot el que respectis se t'acostarà
i el que no respectis se t'allunyarà.

Com ho he de fer per atraure les oportunitats? Estan a prop, però has d'exercir el poder d'atraure-les cap a la teva vida. Pots fer-ho de diverses maneres.

- **Tenir caràcter atrau**
  Quan una persona té caràcter, és qui és. Quan ets qui ets, atraus. Quan ets fals, allunyes. Has de ser el ma-

teix a casa teva, que a fora, que a tot arreu, perquè, quan ets d'una peça, atrauràs gent com tu.

- **Estar compromès atrau les oportunitats**
  Estàs compromès amb algun somni? Estàs compromès amb alguna cosa? Hi ha algun somni que hagis abraçat amb tot el teu cor? El compromís et dóna una aura, et fa atractiu. No importa el que hagis abraçat, sinó que hagis decidit abraçar alguna cosa gran i que te la juguis per això i diguis: «He abraçat un gran somni.» Això t'atorgarà autoritat.

Si te la jugues per alguna cosa, compromet-te al cent per cent i atrauràs somiadors compromesos a la teva vida. Atrauràs grans somnis, atrauràs grans recursos, perquè la gent que se la juga atrau les oportunitats.

> **Si escombres els carrers, escombra'ls com pintava Miquel Àngel, escombra els carrers com componia Beethoven.**
>
> **Martin Luther King**

- **Capacitar-se atrau les oportunitats**
  Quan un es prepara, se supera. La gent que et vegi t'ha de poder comparar amb qui eres dos mesos enrere i veure't canviat i millor. És important que en la teva agenda hi hagi horaris per preparar-te, per fer cursos, per capacitar-te i que hi hagi desafiaments nous. Per exemple, quan un està malalt, busca els millors metges. Qui són els millors? Els que estan capacitats. Un bon metge atrau.

- **La química atrau**
  Quan un té química, fa sentir bé l'altre. Hi ha persones que no han aconseguit avançar encara que tinguin

compromís, capacitació, perquè no saben com tenir química amb la gent. Quan tens química, atraus la gent i hi ha portes que se t'obren.

- **La gent lliure interiorment atrau les oportunitats** Quan ets lliure de cor, atraus oportunitats. Per això cuidar el teu interior és tan important. Si ets lliure per dins, atraus, perquè ets una persona senzilla. La gent senzilla atrau, la gent complicada allunya. La gent lliure és divertida, troba un mal moment i el converteix en un moment divertit; pateix una burla i la converteix en una broma; un moment de pressió el transforma en diversió. Tot el que facis ha d'estar marcat per la diversió. Quan un està content, és senyal que és lliure.

A la Universitat de Harvard, van investigar cinc mil persones que van ser acomiadades de la feina. I van descobrir que el noranta per cent de la gent no havia estat acomiadada perquè no tingués capacitat, sinó perquè «no sabien relacionar-se bé amb els seus companys».

La gent en pau atrau. Quan aconsegueixis la teva felicitat, que és la teva pau interior, hi haurà una atracció, un sentit d'influència, alguna cosa agradable t'envoltarà i els altres se n'adonaran. I els que et vegin se sentiran tan impactats que et donaran el que necessitis.

A la gent en pau se li obren portes. Quan aconsegueixes la pau interior se t'obren portes.

La gent et dirà: «No sé què tens, però jo et vull donar una cosa diferent, et vull ajudar», perquè quan escales la muntanya de la teva felicitat, ella és la teva companya al llarg de tota la vida. **Quan tinguis pau interior, la teva saviesa augmentarà perquè tot et surti bé.**

Una última reflexió: recordant que la felicitat consisteix a estar en pau amb un mateix, no necessitaràs posseir ningú. Quan arribis a tenir pau interior, tot el teu entorn tindrà pau, la teva parella, la teva feina, els teus fills, perquè és una cosa que tu generaràs en els altres.